-기독교 언어문화 창달과 교회갱신을 위하여-

교회용어 바로 쓰기

제2권 속편

김 석 한 지음

도 서
출 판 영문

머 리 말

한국에 기독교 복음이 들어와 개혁교회가 설립된 지도 어언 120 여년의 자취를 남기고 있다. 선교역사상 유례가 없을 만큼 많은 교회가 발전해 왔다고들 말하고 있는데 이는 엄연한 사실이다. 그런데 이러한 교회가 지금 중대한 위기에 처하고 있다는 것도 사실이다. 그 위기라는 것은 양적성장은 했으나 거기 상응한 질적성장은 뒤따르지 못했다는 점인데 속력(俗力)의 유입(流入)으로 성경주의 교회가 되지 못하여 영적 가치보다 현실가치에 더 치우쳐 물질만능주의 사고에 깊이 물들고 신앙은 기복적 경향에 사로잡혀 교회의 본질적인 요소가 많이 훼손되어있다는 것을 뜻 있는 사람이면 공감하는 사실이다. 교회 안에는 유무의 평등이 무너졌고 이기주의와 파당이 세력화를 이루어 보이지 않는 갈등은 깊어지고 있다. 교회는 전통적으로 화목과 평등과 사랑이 제일의 덕목이었으나 무관심과 소외가 별 문제시 되지 않고 있음은 분명 교회의 참모습은 아닌가 한다. 특히 유교와 불교의 종교문화의 잔재 및 무속종교의 관습과 관념들이 기독교문화와는 합치될 수 없는 이질적인 요소들인데 이것이 혼합되어 기독교적인 건전한 사고와 의식 속에 일정부분 자리 잡고 있는 것도 사실이며 그중에도 교회가 쓰고 있는 용어에서 성경과 기독교정신에 부합되지 않는 많은 말들을 타성에 젖어 오남용하고 있는 실태는 기독교의 정체성을 훼손할 정도의 위험수준에 이르고 있다.

언어란 인간이 상호 의사를 전달하는 기호체계로서 여기에는 그 기호매체의 형태인 음성단위와 거기에 대응하는 개념과의 양면성을 가지게 되며 이런 언어의 형태요소와 의미구조가 결합되어 문자로 나타나거나 음성으로 나타날 때 글과 말이 되는 것이다. 언어가 가진 구속력은 일단 형태와 의미가 결합되면 개인의 힘으로 변경할 수 없게 되어 이것이 언어 공동체의 의식 속에 자리 잡게 된다. 일단 언어가 인간의 사고 속에 자리 잡게 되면 일정한 개념(의미)이 형성되게 되고 그 개념은 행위로 발전하게 되며 행위로 나타난 것은 또 다른 개념과 행동양식으로 연쇄적인 전이(轉移)를 하게 되는 것이다. 그러므로 바르지 않는 언어는 착오된 개념을 유발하고 착오된 개념은 잘못된 행위를 빚게 되며 그릇된 행위는 또 다른 착오된 원인이 되어 연동(聯動)적인 반응으로 사물의 바른 사리를 그르치게 되니 바른 용어 바르게 쓴다는 것은 매우 의미 있는 일이 아닐 수 없다. 더구나 문자계시의 일획도 착오 없는 무오(無誤)성에 토대를 둔 복음주의 교회는 성경의 신적 권위를 믿는 신앙적 관점에서 성경을 응용한 교회 용어는 성경정신에 부합한 말을 사용해야 한다.

언어란 공시적(共時的) 또는 통시적(統時的)으로 변천을 하게 된다. 그러나 계시의 불변성에 근거를 가진 교회의 용어는 성경의 참뜻에 벗어난 말을 사용할 수 없다. 누가 언제 어디에서 말을 하던지 그것은 교회적인 속성과 유리(遊離)되지 않아야 하고 기독교 근본정신에 벗어나지 말아야 한다. 여기서 언어의 기능적인 면을 보면 말하는 사람이 듣는 대상을 향하여 사용하는 말이 첫째, 무엇에 대하여, 둘째, 그 말과 관계 맺는 관련 사항과, 셋째, 말을 하게 될 때의 환경, 넷째, 말을 하게 된 경로, 다섯째, 사용된 말의 내용, 여섯째, 사용된 말의 종류 등의 요소들이 언어를 구성해가는 행위라고 볼 수 있다.

따라서 교회 안에서 신앙적인 말 역시 이러한 기능을 하게 되는데 그 원칙은 성경정신에 부합되어야 한다. 그래야 바른 신앙과 영성에 영양분을 제공하게 된다. 이런 관점에서 필자는 '교회 용어 바로 쓰기'에 대한 제1권을 이미 간행하였고 본서는 제2권 째로 간행을 하게 된 것이다. 첫 권에서도 그렇게 했거니와 본서도 역시 한국교회가 바르게 갱신되고 언어의 왜곡된 사용으로 훼손된 예배회복을 촉진하자는 소박한 일념으로 교회 안에서 오남용되고 있는 착오된 용어의 사용사례들을 모아 성경에 비추어 그 착오점을 분석하고 성경과 신학적인 근거를 들어 그 대안을 제시하고자 하였다. 고질적인 관행과 습관에 젖어 좀처럼 고치려고 하지 않는 용어들을 바로 잡아 기독교본연으로 회복하지 않으면 세속적이고 이교적인 용어의 범람으로 교회의 본질적인 통전성(通典性)이 오염되고 기독교의 언어문화는 병리적 현상에 젖어 들 수

밖에 없을 것을 심히 우려하는 바이다. 그러므로 오늘을 사는 이 시대의 기독인들과 모든 목회자들은 여과되지 않은 비 신앙적인 말과 남용하고 잘못 쓰는 교회용어 바로잡을 책임이 있다고 생각한다. 먼 훗날 우리의 신앙후예들이 오늘을 살고 누렸던 교회문화를 승계하여 오는 세대에 이어 쓰게 될 언어문화를 착오된 채로 물려줄 수는 없는 것이다. 이런 관점에서 오늘 이 작은 기대와 충정으로 그리고 교회갱신을 여망하는 뜻 있는 사람들의 격려와 충고를 함께 담아 본서를 펴내게 되었다. 그간 신문에 칼럼으로 연재할 때에 많은 독자들의 성원과 공감 속에서 얻은 용기와 힘을 가지고 제2권을 내게 되었다. 많은 분들에게 경의와 사의를 표하며 특히 원고를 교정해 주신 지인(知人)과 본서의 출판을 담당해 주신 영문출판사 김수관 사장님께 심심한 사의를 표하고자 한다. 그리고 본서를 읽어주실 독자 여러분과 함께 교회 용어 순화와 갱신에 응용하여 함께 매진할 수 있는 우리 하나님의 은혜와 섭리를 겸손히 기대하는 바이다.

2005년 5월 늦은 봄에
천안대학교 신학대학원 서울교정 연구실에서

목 차

머리말 ···3

기호(記號)와 번호(番號)는 구분하여 써야 한다 ·····················12
별세교인이 쓰던 찬송, 성경, 소각(燒却)이나 관(棺) 속에 넣는 것과 빈소
(殯所)에 촛불과 분향로(焚香爐) 설치는 옳지 않다. ···················15
예배 때 행사병행과 예배당 뜰에 공적비 건립 옳은가? ···········18
「주의 종」과 「부족하지 않도록」이라는 말 바로 써야 한다 ············21
복음송 가사 〈송축하라〉는 〈송축하자〉로 바꾸는 것이 옳다 ············24
「교회출석」과 「공동예배 출석」을 구분해야 한다··························27
성혼공포 후 〈신랑,신부〉는 〈남편과 아내〉로 지칭해야 한다············30
〈설교말씀이〉「계시겠습니다」는 〈…이〉「있겠습니다」로 〈간증〉으로 설교를
대체할 수 없다···33
「예배개회」는 〈예배시작〉으로, 「묵도」는 〈묵상기도〉로 써야 한다 ········36
예배당 강단 설교대에 「촛불」점화의 〈상징성〉에 대하여··············39
각종 「기도회」라는 말은 「예배」라는 말로 바로 잡아야 한다 ············42

교회용어 바로 쓰기 7

복음송과 CCM은 예배찬송 될 수 없다 ·················· 45
교회용어 관행적 오용이 바른 뜻 훼손한다 ················ 48
「예배찬송」은 「찬양」의 참 뜻을 담아야 한다 ············· 51
「축원합니다」라는 말은 「설교체」 용어로는 부적절하다 ········ 54
「제비뽑아」(추첨선거) 선거한다는 말에 대한 유감(有感) ······· 57
「영상예배」(화상예배)에 대한 위기개념 가져야 한다 ········· 60
워십 댄스(Worship dance)가 예배구성 요소인가? ·········· 63
「부흥회」를 「사경회」(査經會)로 ······················ 66
「주악(奏樂)에 맞추어」는 〈주악(奏樂)과 함께〉로 써야 한다 ····· 69
「묵도하므로」 "예배시작하다"는 「묵상기도로」 "예배시작하다"로 ···· 72
「무한경쟁」과 「무한공생」 ·························· 75
복의 선언(축도, 축복)의 끝맺음 말을 〈계실지어다〉로 쓸 수 없다 ······ 78
「예배를 돕는 성가대」라는 기도말은 부적절하다 ············ 81
사순절(四旬節;Lent)의 뜻 바로 새기자 ·················· 84
교회의 절기 명칭 밑에 「절」(節)과 「날」(日)에 대하여 ········· 87
세족식(洗足式)은 예식적 재현보다 정신적 뜻 실천해야 ········ 90
대심방(大尋訪)은 〈전체심방〉 또는 〈정기심방〉으로 ·········· 93
전도특공대, 전도폭발, 성령폭발 등의 격투적 표현 순화할 필요 있다 ··· 96
「어린이 주일」은 「어린이 날 주일」로, 「어버이 주일」은 「어버이 날 주일」로·· 99
성경본문에 음운(音韻)첨가와 유추(類推)하는 말 옳지 않다(Ⅰ)········ 102
성경본문에 음운(音韻)첨가와 유추(類推)하는 말 옳지 않다(Ⅱ)········ 105
「성령축제」란 말 문제 있다 ························ 108

성경본문을 소개할 때 유념할 말 …………………………………111
남을 위한「심령(心靈)기도」란 말 옳은 것인가? …………………114
성경본문 인용은 문맥을 변형하지 말아야 ………………………117
선민(選民)(히브리 민족, 유대인, 이스라엘 백성) 지칭의 구분(Ⅰ)………120
선민(選民)(히브리 민족, 유대인, 이스라엘 백성) 지칭의 구분(Ⅱ)……123
선민(選民)(히브리 민족, 유대인, 이스라엘 백성) 지칭의 구분(Ⅲ)……126
「하나님"앞에"예배드린다」는「하나님"께"예배한다」로 고쳐야………128
성경본문을 "다 찾으신 줄 〈믿고〉"라는 말에 대하여……………131
은혜 충만한 감격의 상태를「미칠 것 같다」라는 표현……………134
예배 중에「옆 사람과 인사 나누자」라는 말에 대하여 ……………137
성전 앞좌석은「금싸라기 자리」, 뒷좌석은「거적자리」라는 말 ………140
「기도 말」의 어투와 어조는「겸양법」으로 해야……………………143
「이상」(以上)과「이하」(以下) 는 표준수량에 포함된다 ……………146
「결혼기념」감사예물은「결혼일」감사예물로 해야 …………………149
「십자가 형벌」은「십자가 고난」으로 …………………………………152
「붉은 악마」라는 말은「붉은 응원단」으로 ……………………………155
교인의 상호 차이점을 차등적으로 표현하지 말아야………………158
「영-발」,「기도-발」이 "세다", "있다"라는 말 부적절하다……………161
「주의 이름으로, 주 안에서 사랑합니다」라는 말에 대한 유감 ………164
주님의 "간섭"은 "주장"으로, "하나님의 몸된 교회"는 "주님의 몸된 교회"로 ……………………………………………………………………167
「삼우제(三虞祭)」라는 말 쓸 수 없다 …………………………………170

교회용어 바로 쓰기 9

「할렐루야」라는 말 남용을 삼가야 한다 ···································173
교회 직분자를 「내가 세웠다」라는 말 옳지 않다·························176
주기도문, 사도신경을 「외우겠습니다」라는 말은 고쳐야 할 말이다·····179
기도 말에 「귀한」백성,「귀한」ㅇㅇ님 등의 지칭 옳지 않다············182
「새 술」은 「새 포도주」로, 「동방 박사 세 사람」은 「동방 박사들」로 해야···185
「예배를 돕는 성가대」라고 지칭하는 기도 말 옳지 않다················188
「말씀축제」라는 말 부적절하다 ··191
솔로몬의 「일천 번제」가 「일천 번」 예물봉헌의 모본 아니다 ···········194
「영안실」(靈安室)은 「병원 장례실」로 표현해야······························197
교회 연합체 지도자의 「계급적 칭호」삼가야 한다·······················200
「금식 ; 단식」의 종교적 의미··203
「성직자」를 「노동(근로)자」로 지칭할 수 있는가? ·······················206
「송구영신예배」는 「송구영신감사예배」로 해야·····························209
하나님 「축복하옵소서」라고 기원하는 말 옳지 않다·····················212
예수님의 「이름」을 「존함」으로 쓰자는 견해에 대하여··················215
「기도 받는다」라는 표현은 옳지 않다·······································218
설교 강단에서 구분하여 쓸 말들···221
「찬송 드리다」는 「찬송하다」로, 「찬송 ○장」은 「찬송가 ○장」으로 ·····224
설교단에서 구분할 말과 완곡하게 쓸 말 ·································227
교회의 「구역」과 「교구」라는 말 구분하여야 한다························230
교계 원로들의 「제가 잘 못했습니다」라는 참회의 선언 옳은 일인가···233
목회자의 '급여' 명칭은 「목회비」나 「성역비」로 해야·····················236

「영의 아버지」라는 말의 부 적절성 ··· 239
「기복(祈福)신앙」이란 말과 그 신앙의 문제점 ······························ 242
「기독교를 믿는다」라는 말 부적절하다 ·· 245
「하나님 노릇」, 「아버지 노릇」이라는 표현 불경스럽다 ··············· 248
「당회장」과 「담임목사」라는 직무칭호 경우에 맞게 써야 한다 ········ 251
하나님께 「영광의 박수」하자는 말 옳은가 ··································· 254
기도 마감하는 말 과거시제어로 쓸 수 없다 ································ 257
축도의 명칭과 종결 서술어 바로쓰기 ·· 260

기호(記號)와 번호(番號)는 구분하여 써야 한다

교회에서는 직분자를, 교단총회에서는 회장단을, 국가에서는 대선과 총선 후보를 선출할 때 그 후보자나 정당(政黨)이 복수(複數)인 경우에 이를 구분키 위해 후보별 지정번호인 기호 1번, 2번, 3번 등을 부여하여 선거과정에 필요한 서식, 투표용지, 현수막 등에 표지(標識)하여 그 후보자나 정당에 연계하여 사용하는데 여기에서, 〈기호〉와 〈번호〉를 구분 없이 쓰는 착오가 있다. 그 보기로, 〈기호〉라는 말을 표기하고도 실제는 기호가 아닌 〈번호〉의 실수문자(實數文字)를 표기하는, 타성에 젖은 관행적 사용은 바로 잡아야 한다. 기호와 번호의 개념차이는, 〈기호〉(記號)란, "어떤 개념을 간접적 또는 상징적으로 나타내기 위한 넓은 의미의 문자이기는 하나 이것은 부호(符號)로서 개념이나 수식(數式), 명제(命題) 따위를, 문자적 음운요소(音韻要素)(ㄱ+ㅏ=가)가 아닌 부호적 형태인 〈+, -, ♀, ↑, ←, =, ♡, ∥, ( ), ∴, …〉 등으로 뜻을 나타내고, 〈번호〉(番號)는 사물의 직접적인 의미와 차례나 수량을 나타내는 수리(數理)적 실제의 문자를 말하는 것이다.

따라서 이 두 용어는 혼용할 수 없는 개념의 차이가 있는 것을 유념해야 한다. 광복 후 서구 민주주의 제도도입과 대의정치 시행에 따른 총선을 실시할 때 당시의 선거인의 문맹률(文盲率)로 문자해독이 어려워 후보별로 〈기호〉를 매겨 그 후보자를 판단하게 하였는데, 그 후보자의 차례번호를 아라비아 숫자로 〈번호 1 번〉으로 매기지 못하고, 〈기호〉라고 표기하여 막대표 하나를 〈1〉로 나타내는 〈기호 | 번〉으로, 〈번호 2 번〉을 〈기호 | | 번〉 등의 부호로 차례를 표시하여 후보의 실인(實人)을 대신케 하였다. 그 때 경우에 쓰던 〈기호〉라는 말을 지금도 그대로 쓰고 있을 뿐 아니라, 지시어는 〈기호〉로 하고 차례표시는 문자번호 〈1〉, 〈2〉 등을 쓰고 있는 것은 더욱 부자연스럽다.

이것을 문맹(文盲)이 해소된 오늘의 시점에 와서 선거 유인물 등에 번호숫자는 수리문자, 1, 2로 표시하고 그 숫자를 지시하는 언어는 〈기호〉라고 쓰는 습관은 시정해야 하되, 이것을 〈기호 | | 번〉이라면 〈번호 2 번〉, 〈번호 3 번〉 등으로 표현하면 되는 것이다. 〈번호〉라고 기술하고 숫자로 표시해야 "차례"의 개념과 수(數)적 개념이 나타나는 것이다.

특히 오늘과 같은 지식정보와 첨단기술 시대에 일반사회의 선거문화에서나, 교회내의 선거제도 실천에서 〈기호〉는 〈번호〉로 시정하여 건전하고 합리적인 교회언어문화 창조에 힘써 교회갱신을 도모해야 하겠다.

바른 말 바로 쓰기

별세교인이 쓰던 찬송, 성경, 소각(燒却)이나 관(棺) 속에 넣는 것과 빈소(殯所)에 촛불과 분향로(焚香爐) 설치는 옳지 않다

별세한 교인의 시신을 입관할 때 생존시에 사용하던 찬송, 성경을 관(棺) 속에 넣거나 불로 사르는 사례와, 또한 시신이 안치된 빈소에 촛불을 밝히고 향로를 설치하여 문상객(問喪客)을 분향토록 하는 것은 기독교정신에 합치되지 않는다. 고인이 애용하던 유품인 찬송과 성경을 소각하거나 시신과 함께 관에 넣는 것과 빈소에 분향하는 것은 이교(異敎)적이고 무속적인 장례풍속의 모방 형식으로서 기독교의 장례문화가 아닌 일종의 미신적 행위에 지나지 않는다. 고인의 유류품을 소각하는 행위는 유교적 풍습의 잔재를 교인의 상사(喪事)에 여과(濾過)없이 도입한 것인데 무의미한 것이다. 오히려 찬송 성경은 오래도록 소장하면서 고인의 생존시의 모습을 추모의 매체로 삼아 기념하는 것이 실질적 의미가 있는 것이다. 그리고 빈소에 제단처럼 구성된 단(壇) 위에 향로를 설치하여 분향하는 일은 삼가야 한다. 성경에 분향(焚香)에 대한 기록이 많이 있으나 예배 또는 제의(祭儀)와 관련된 상징적 사례였고 인간의 죽음과 장례에 인용할 교훈의 근거로 삼을 것은 아니다. 오히려 구약의 교훈은 "하나님이 명령치 않는 분향으로 죽음을 겪은 사례"(레 10:1-2)나, "다른 신에게 분향하여 하나님의 노를 격동케 하여 악행으로 정죄된 일"(렘 44:3)과, "산당의 우상과 달과 별들에 분향한 자들이 폐함을 당한 사례"(왕하 23:5) 등은 주목할 대목으로 보아진다.

기독교적 관점에서 보아 빈소의 관 앞에 향로 단을 설치하여 분향하는 것은 제의적 목적이 아니라 부패하는 시신의 냄새를 정화시키기 위함이고, 촛불은 향료(香料)에 점화를 편리하도록 하기 위한 장의소품(葬儀小品)으로 비치하는 이상의 어떤 종교적 의미를 나타내기 위함이 아님을 분명히 해야 한다. 그리고 국화꽃을 장식하거나 헌화(獻花)하는 것도 그 꽃은 부활의 상징성이 있다는 관점 때문이기는 하나 이도 역시 꽃향내로 빈소의 악취를 정화하자는 현실적 의미의 바탕을 두고 헌화보다는 화분 또는 화병을 비치하는 것이 옳다.

그러므로 기독교는 이교적이고 무속(巫俗)적인 관념을 깔고 빈소를 장식하는 일은 삼가야 한다. 만약 종교적 의미를 부여한 일이라면 헌화를 받을 대상은 누구이며 성경적 뜻은 무엇이란 말인가? 천국을 간 교인의 육적 요소가 해체된 시신은 생존자의 예절 행위에 대한 인식이 없고 그것도 병원이라면 냉동실에 보관 중인데 시신 없는 빈소(殯所)에 제단처럼 꾸며놓은 영안실에서 별세인과 유족과 기독교정신과 관계없이 풍속을 모방한 장례문화는 고쳐져야 한다. 다만 죽음이 주는 의미를 찾을 신앙적 의식(儀式)은 정중히 하되 유족을 중심한 기독교적 정신에 반드시 입각한 장례문화이어야 한다.

예배 때 행사병행과 예배당 뜰에 공적비 건립 옳은가?

　　많은 교회들이 공동예배 때에 교회행사를 동시에 병행하는 것이나 예배 시에 어떤 교인을 치하(致賀)하는 일, 또는 예배당 뜰(정원)에 교회지도자나 교인이 헌신한 공적을 기리는 송덕비(頌德碑)를 세우는 일은 높은 의미의 기독교정신에 부합되지 않는다. 그리고 공동예배 때 의식행사인 각종 안수 임직식, 축하기념행사, 예배당 헌당(獻堂)식 등의 의식행사를 곁들어 시행하는 일도 원칙적으로 합당하지 않으므로 이를 구분하여 별도로 시행하는 것이 옳다. 본질적인 뜻에서 성례의식은 예배의 연장이지만 그 외의 행사는 그 행사의 목적을 전제한 이중적 주제를 구현하기 위한 것이므로 고유한 예배순서에 행사순서를 혼합하는 것은 예배의 본뜻이 훼손될 수 있다. 따라서 공동예배 때에 하나님을 온전히 예배하는 목적 이 외에 예배의 영적 요소가 아닌 순서와 병행하는 것은 예배본분에 충실키 위해서 억제하는 것이 옳을 것이며, 행사는 별도로 시행하여 행사목적의 완성도를 높이는 것이 또한 옳을 것이다. 신자가 하나님을 향한 예배에 있어서 그 동기와 목적은 언제나 최고, 최대, 최선의 수단과 가치로 이루어져야 하기 때문에 예배는 예배 그 자체가 목적이 되어야 한다. 이런 의미에서 예배시간에 개인을 회중 앞에서 자랑할 일을 내세워 치하하여 그를 영예롭게 하는 것도 오직 한 분 하나님께만 집중하여 영광을 돌릴 예배정신을 갈라내는 무례(無禮)가 되므로 지존하신 하나님이 받으시는 그 예배시간과 그 현장에서 사람을 찬하(讚賀)하는 일은 절제되고 삼가야 할 일이다.

또한 흔한 사례는 아니지만 간혹 예배당 뜰에 그 교회 설립에서부터 운영과정에 많은 기여를 한 교회지도자나 교인의 공덕을 기리는 송덕비(頌德碑)를 세워 기념하는 사례가 있는데 이도 역시 당연한 일은 아니다. 물론 남다른 헌신과 희생으로 공헌한 바를 귀감으로 삼고자 함은 긍정적으로 볼 수도 있으나 그러나 우리 위하여 의인의 신분으로 십자가에 희생하신 주님의 피로 사신 신앙공동체들의 삶의 중심 공간에, 비록 그 누가 그 교회에 어떤 공적을 남겼다고 하더라도 십자가 정신이 서린 그 현장에, 사랑과 은총으로 인하여 주님께 헌신한 사람의 공적을 새겨 주님 앞에 버젓이 세워져야만 하는가? 기념비를 세우려면 주님의 송덕비를 만인 앞에 세워야 하지 않을까?

오직 하나님 중심사상으로 온전한 예배생활을 삶의 중심과 신앙의 축(軸)을 삼고 살아가는 하나님의 사람은 예배시간의 온전성을 유지하려는 영성을 가져야 하고 다른 행사 곁들이는 일 주님 원치 않을 것임을 유념해야 하며 예배시간에 사람 칭찬 내세워 주님영광 가리우지 말고 주님공로 앞에서 사람공적 앞세우는 것 삼가야 할 일임을 생각하여 보자.

바른 말 바로 쓰기

『주의 종』과 『부족하지 않도록』이라는 말 바로 써야 한다

　　교인이 목회자를 위한 기도말 대목에서 〈주의 '종' 이 '부족' 하지 않게 하옵소서〉라는 기도자의 말은 적합하지 않다. 원래 〈종(從;servant)〉이라는 말의 구약의 원문적 표현은 〈샤라트〉(섬기다, 봉사하다)(삼상2:11), 〈아바드〉(섬기다, 경작하다, 노예로서 일하다), 〈아보드〉(일, 수고, 봉사)(창29:27, 대상4:21, 시104:23, 레25:39, 〈에베드〉(가장 비천한 노예)(창9:25)등의 말로 표현하고 있고, 신약의 표현은 둘로스(δοῦλος)라는 말로 "종"을 나타내고 있는데 그 신분이 자유로운 자(διακογος)의 반대되는 노예적 신분으로 주인에게 순종하는 자로 가르쳤다(엡6:5-8, 골3:22-25, 빌2:7).

　　그리고 이 종의 종교적 의미는 구약의 〈모세〉나 〈다윗〉에게는 하나님과 그의 백성들 사이의 중재적 위치에서 그 백성들의 지도자로 부각되었다(출14:31, 삼하3:18, 시19:11). 그리고 예수님은 하나님의 종을 〈헬, 파이스〉라고 불렀는데 구약에 이사야의 종의 노래에서 암시되었다(마12:18, 행3:13,26, 4:27,30). 또한 그리스도인들도 하나님과 그리스도의 종(행16:17, 딛1:1, 벧전2:16, 행2:18), 〈의의 종〉으로(롬6:6-7, 17-18, 고전6:19-20, 갈4:3, 8-9) 양자됨과 대조해서 설명하고 있다(요8:31-36, 롬8:15, 갈4:4-7). 뿐만 아니라 바울과 야곱은 자기를 그리스도의 종이라고 하였고(롬1:1, 빌1:1, 약1:1, 유1:1) 또한 모든 사람이 종이 되었다고(고전9:19, 딛1:1) 했다. 이렇게 볼 때, 신·구약 성경의 종은 크게 두 가지 신분으로 구분할 수 있는데 첫째는 종은 사회적 신분으로서의 계층적 구조에서 최하층 신분이라는 것과 둘째는 종교적 신분으로서 하나님이 쓰시는 헌신된 자의 신분으로 나눌 수 있다. 그런데 이와 같은 신분을 일반성도가 목회자를 지칭할 때 〈주의 종〉이라고 하는 것은 옳지 않다. 종은 언제나 대상에 대한 관계적 신분과 삶의 성격을 말할 때 지명하여 표현한 말이기 때문에 사람과 사람 사이의 윤리적 관계에서 교인이 지도자를 같은 시공간에서 지명 지칭할 때 하나님과의 직접적인 관계신분인 종의 칭호를 타인이 낮추어 지칭할 수는 없는 것이다. 〈종〉은 지존하신 하나님이 자신의 종을 직접 지칭할 수 있을 것이고, 또는 종 자신이 종을 소유한 주인을 대상으로 관계적 신분을 지칭할 수 있는 것이다.

그런데 목자와 교인의 관계는 신분적 관계가 아니고 직무적 관계이기 때문에 주의 종이라고 하는 것은 적합치 않고 〈주님의 사자)라는 목자적 직무신분으로 지칭함이 윤리적 의미에서 옳을 것이다. 이와 같은 관점에서 "부족하지 않게"라는 표현도, 목자의 부족의 여부를 교인이 기정사실로 전제하고 타인이 지적하여 표현할 말이 아님을 유념할 필요가 있다.

바른 말 바로 쓰기

복음송 가사 〈송축하라〉는 〈송축하자〉로 바꾸는 것이 옳다

요즘 각 교회마다 시편 103편 1,2절의 본문을 복음송 가사로 각색(脚色)하여 널리 불려질 뿐만 아니라 예배의 입례송으로 애송하고 있는데 여기에 고칠 점이 있다. 성경 본문 상에는 물론 〈찬양하라〉(...하라)는 명령형으로 되어 있다. 여기에서 우리가 성경을 유일한 하나님의 말씀으로, 신앙과 행위의 표준이 됨에 신적 권위로, 절대 진리로 믿고 좇는다. 다만 이 성경의 말씀과 교훈을 소재로 하여 복음송 가사에 있어서 성경의 의미를 좇아 각색을 하여 음악적 요소로 재구성할 때는 계시적 선언문체로 하지 않아야 된다. 성경에는 〈찬양하라〉는 명령형인데 이 말씀을 윤리적 인상과 언어 문화적 감각으로 볼 때는 자기가 자기를 대상으로 하여 명령형 그대로 가사화(歌詞化)하는 것은 또 다른 문자주의가 될 가능성이 있다. 어법 상으로 자기가 자기를 명령할 수는 없는 것이 상식이다.

복음송에서라면 자기 다짐으로 하나님을 향해 고백적으로 자기가 자기를 이끄는 조로, 스스로를 독려하는 심정적 동기를 가지고 〈찬양하자 ; 송축하자〉로, 어법적으로는 청유형종결어미(請誘形終結語尾;말하는 이가 말듣는 이에게 행동을 같이 하자고 권하는 형식의 어말;어미(예, 가자, 갑시다, 가세, 하자 따위) 즉 자기가 하고자 하는 행위에 또 다른 대상을 이끌어 동시에 같이 행동하자는 동시행위 유도형으로 " ...하자"는 형을 쓰는 것이다. 〈내 영혼아, 내 속에 있는 것들아 다 그 성호를 송축하라〉는 말씀은 다윗이 자기자신은 하나님을 찬양할 의무가 있음을 본문, 시103편 3-18에 그 구체적인 이유를 보여주고 있다. 그 의무에 대한 그의 강한 의지적 다짐이라고 볼 수 있다. 그런고로 그 다짐이 오늘 우리에의 다짐으로 수용하고 이를 음악적으로 시적 경지를 통한 하나님을 송축함에는 〈하라〉가 아닌 〈하자〉로 표현하여 자기의 인격적인 내재성에 대하여 헌신적 다짐을 도모하는 것이어야 할 것이기 때문이다.

〈하라〉라는 시킴꼴은 자기를 제외한 어떤 객체를 대상으로 하는 것인 만큼 간접적으로는 송축행위에 스스로는 예외적인 치부를 하는 것이 된다. 그런고로 성경의 계시적 교훈의 선언적 문맥구성을 우리편에서 하나님을 대상으로 한 찬양적 표현은 청유형 어미로 각색을 하여 〈하자〉로 이끌어 다짐하는 표현을 하여야 그 성경을 우리에게 바르게 적용하는 것이 되는 것이다. 복음송 작시하는 모든 분들은 교회 음악적인 것뿐만 아니라 기독교 언어문화면까지 세심한 배려가 있기를 제안코자 한다.

바른 말 바로 쓰기

「교회출석」과 『공동예배 출석』을 구분해야 한다

　교회에서 교인의 실재인원을 계수(計數)할 때나 교회 법에서 교인의 기본적인 의무와 종교적인 신분 또는 자격을 규정하여 말할 때에 "교회에 출석하는 자로 한다"라는 말이나 또는 성숙한 교인을 말할 때 "교회출석수"가 얼마라고 하는 등의 표현은 구분되어야 한다. "교회출석"이라고 할 때는 그 출석이 곧 공동예배에 참석하여 교인의 기본적인 도리를 이행하는 것과 일치한다는 말과는 다른 것이다. 〈출석〉의 개념은 예배가 아닌 어떤 회합이나 친교적인 목적에서 비공식적인 모임에 참석도 출석이라고 볼 수 있을 것이고 때로는 교회행사에 참석하는 것도 교회 출석은 되는 것이다.

　그런고로 예배 외적인 부분에서 어떤 조직의 일원(회원)으로 참가하는 경우는 교인으로서와 영적인 신분으로서 본래의 본분을 다하는 것이라고 볼 수는 없는 것이다. 그것은 한 개인의 헌신과 봉사는 될지라도 예배적 기능은 아닌 것이다. 따라서 〈교회출석〉자로서는 교회에 법적인 온전한 신분자로 규정하여 볼 수는 없는 것이므로. 교인이 교인되는 것은 예배의 본분과 예배적 삶을 전 삶의 중심을 삼고 사느냐에 따라 판단할 문제인 것이므로 곧 교회생활은 예배생활을 의미하는 것이고 예배적 삶이 교회적인 삶임을 인정하는 것이다. 교인의 기본적이고 궁극적인 본무(本務)는 예배인 것이다. 이 예배참여가 교인되는 기준이며 종교적 신분이 되는 표상(表象)인 것이다.

그러므로 교회법 상의 "… 이 되려면 교회 〈출석하는〉 자로서…"로 표현하는 것은 "공동예배에 출석하는 자"로 반드시 표현하여 〈교회출석〉과 〈예배출석〉을 구분해야 옳은 것이다. 다시 말하면 "그 교회 교인은 그 교회에 출석자가 아니라 그 교회에 예배 참석자이어야 한다"는 말이다. 부연하면 〈교회출석〉이라고 할 때는 교회적 문화와 상황에 적응하는 과정인 것이고 〈예배에 참석자〉는 신자의 본분을 다하는 교회구성의 인적 요소로서 하나님과 영적 관계를 말하는 것이기에 실생활의 표현이나 특히 교회법 상의 자격을 규정할 때는 반드시 구분해야 하는 것이다.

예컨대 주일성수도 교회출석의 개념이 아니라 예배 참석(수행)의 개념이 아니겠는가? 곧 물리적 상황을 구성하는 행위가 아니라 영성적 조건으로 종교적 의무를 구성하는 의식적 행위가 되어야 한다는 말이다.

 그러므로 〈교회출석〉과 〈예배출석〉의 표현양식을 관념적으로 동일시하지 말고 본질적이고 사실적 의미로 구분하여 언어의 의미질서와 적용환경을 명확히 해야 교회가 가진 신성유지와 질서유지가 잘 될 것으로 판단되는 것이다.

바른 말 바로 쓰기

성혼공포 후 〈신랑, 신부〉는 〈남편과 아내〉로 지칭해야 한다

혼인예식 예배 때의 순서진행 명칭 중 "신랑, 신부 두 남녀가 부부가 된 것을 공포합니다"라는 〈성혼(成婚)공포〉가 있은 이후, 대부분의 주례(집례) 또는 사회자가 이미 부부 된 두 사람을 지칭할 때 계속 신랑, 신부로 표현하는 것은 착오인 것이다. 예컨데 "신랑 신부가 양가 부모님께 인사하겠다"든지 "신랑 신부가 퇴장하겠다"는 등이 그 사례이다. 혼인에 있어 신랑 신부의 결합은 서로가 부부가 되기를 언약하고 일가친지, 이웃에게 고지(告知)하기 위함이고 하객들이 부부됨을 승인하는 행위이며 두 사람은 남편과 아내의 후보로서 또는 정혼(定婚)자의 신분으로서 결혼(성혼)으로 완성을 위한 혼인의 당사자인 것이다.

이런 두 사람이 부부가 되는 의식행위에서 양가와 당사자의 언약을 토대로 여러 증인된 회중 앞에서 부부됨을 엄숙히 서약하고 기도하고 권면을 받고 만인 앞에 부부가 되었음을 공포하므로 새로운 가정으로 확정되었고, 혼인의 절차는 〈결혼〉으로 완성되었다. 따라서 신랑 신부는 부부로 기정화(旣定化)되어 각각 양가의 가족관계가 성립된 단계인데 아직도 〈신랑, 신부〉의 신분으로 지칭(호칭)하는 것은 부적절한 것이다. 당연히 부부(남편, 아내)의 신분으로 이제는 며느리로서 시부모에게 인사를, 사위로서 장인 장모에게 인사를, 부부가 되는 과정에서 축하 격려해준 하객에게 인사를 하게 되는 것이다.

그런고로 성혼공포와 축하를 받은 이후의 순서는 새로운 부부로서와 또는 남편과 아내된 신분으로 지칭하여야 한다. 하나님께서 제정하신 성스러운 혼인제도에 따른 예식에서 정확한 의미를 좇아 의식사(儀式辭)를 하는 것이 예식의 가치와 의미를 더 높이는 것이 된다.

예배순서 「후주;後奏」마감 전 해산(폐회)하는 태도 옳지 않다.

다수의 교회들이 예배의 끝 순서인 〈후주:Postlude〉 마감 전에 이석(移席)하는 교인과 예배 인도자가 있는데 이는 예배의 참뜻을 훼손하는 것으로서 바른 자세가 아니다. 후주는 예배를 마치고 돌아가는 회중들에게 예배의 정신과 의미를 간직하고 가도록 예배 전체의 내용을 총괄적으로 정리하여 가슴에 담을 수 있도록 하며 예배의 마감을 자연스럽게 하면서 생활 속에 또 다른 예배적 삶을 일깨우게 한다. 고로 후주는 예배의 진행순서인 것으로서 이 때 후주가 진행되는 도중에 퇴장하는 일은 삼가야 한다.

이 후주가 연주되는 중에 사적 기도나 명상을 하다가 후주가 끝나면 예배 마감선언에 따라 해산한다. 이 때 예배 인도자는 강단에 서 있다가 예배 마감선언을 한 다음 현관으로 이동하여 성도와 교례(交禮)하면 되는 것이고, 성도는 잠시 예배석에서 머물러 있다가 퇴장하면 되는 것이다.

〈설교말씀이〉「계시겠습니다」는 〈…이〉 「있겠습니다」로, 〈간증〉으로 설교를 대체할 수 없다

　예배인도자(사회자)가 예배순서 중 설교자를 소개할 때 설교말씀이 「계시겠습니다」라는 표현은 잘못된 것이다. 〈계시다〉라는 말은 "윗사람이 있다는 뜻의 공대말" 또는 〈윗사람이 무엇을 진행하여 그 행위의 지속적인 상태를 나타내는 공대말〉이다. 그리고 〈말씀이 계시다〉에서 이 "말씀"은 웃어른의 말이나 또는 웃어른에게 하는 자기의 말을 〈하소서〉체에 해당시켜 상대를 공대하여 표현하는 〈말〉을 〈말씀〉이라고 한다.

　말이란 사람의 사상과 감정을 후두를 통하여 조직적으로 나타내는 소리인 것으로서 비인격적 요소이다. 따라서 〈말씀이 계시다〉라는 표현은 사물을 인격화하는 격이니 기독교 언어문화와 어법에도 맞지 않다. 이 경우 〈설교말씀이 있겠습니다〉, 〈설교말씀을 하시겠다〉 등으로 쓰면 될 것이다. 비인격적 사물에 대하여 분별없이 의인화(擬人化)하면 그것은 기독교 정신에 합치되지 않으며 일종의 범신론적 범주에 드는 물활론(物活論)적인 만물 유생론(萬物有生論)에 합치하는 비 기독교적인 언어발상이 될 수 있다. 마치 가뭄 끝에 단비가 내릴 때 〈빗님이 오신다〉라는 말처럼 너무 반가워서 사물을 숭경(崇敬)적으로 표현하는 격의 윤리적 채색일 수도 있지만 교회의 강단용어는 개념의 변별(辨別)을 잘 할 필요가 있다.

【간증】 교회에서 흔히 공동예배 시간에 〈간증〉(干證)으로 정규설교를 대체하는 일은 옳지 않다. 〈간증;confession〉의 기독교적인 뜻은 "지은 죄를 증명하여 자복(自服)하고 믿음을 고백하는 것"을 뜻하는 말이다. 이러한 간증은 개인의 신앙경험이 지나치게 주관적인 것일 뿐만 아니라 성경적 기반이 없이 체험적인 요소를 더 실제화를 위해 과장된 내용을 가미할 수 있다는 것이며, 인용하는 성구의 신학적인 검증이 없이 본문의 참뜻을 왜곡하는 경우가 많고 자기가 선지자적 경지에 이르러 하나님으로부터 직접 계시가 자신에게 임한 것처럼 영적 권위를 과시코자 하는 모습은 예배의 본질에 벗어나는 것이다. 물론 간증의 긍정적인 면도 있다. 신앙의 사실적 체험담을 통해 하나님의 실존과 그의 역사를 확인하는 간접경험의 효과가 있으며 성경말씀이 참 진리임을 확신케 하며 간증자의 처지와 같은 청중에게 소망과 활력을 주며 감화를 끼쳐 신앙을 깊게 할 수 있다.

그러나 설교와 간증을 동일시하는 것은 착오이다. 설교는 예배에서 하나님의 임재적 요소이며 신적 권위의 선언과 언약의 확인으로서 신앙과 교회기반을 확고히 하는 예배행위의 중심 요소이다. 그런고로 간증의 편향적 신비주의적 체험담이, 설교로 해석되는 계시의 표준을 훼손할 수 있으므로 설교를 대신할 수는 없다. 〈간증〉은 설교 이후에나 특별 집회로 개최하여 은혜를 체험할 필요가 있다.

「예배개회」는 〈예배시작〉으로, 「묵도」는 〈묵상기도〉로 써야 한다

예배 시에 예배인도자의 말이나 주보에 게재된 예배 순서에 〈예배개회〉라는 말과 〈묵도〉라는 말을 쓰고 있음을 볼 수 있는데 이는 적합한 말이 아니다. 〈개회〉라는 말은 회의나 회합을 시작한다는 말로서 〈예배〉라는 말과는 합성될 수 없는 말이다. 물론 〈개;開〉라는 한자말은 시작을 의미하는 개시(開始)한다는 뜻이 있으나 이는 일반적인 행위나 어떤 이윤을 도모하는 행위, 그리고 어떤 주제를 구현하기 위한 회합을 바로 시작하는 최초상황의 시점을 나타내는 뜻이 있어서 이런 경우는 〈개회〉라는 말이 성립될 수 있으나 〈예배〉는 종교적 의식 행위로서 하나님을 숭경(崇敬)적으로 송축하는 영적이고 신앙적인 행위이기 때문에 인간이 설정한 주제를 토의하고 결정코자 하는 회의의 시작과는 그 개념이 다른 것이다. 〈예배〉는 하나님이 세우신 원리에 따른 행위인데 비하여 회의는 인간이 합의한 규정에 의하여 행위하는 것으로서 차이가 있기 때문에 〈개회〉라는 동일한 용어를 적용시켜 표현하는 일은 적절치 않으며 적용하는 경우와 합치되지 않는다.

그러므로 예배는 개회라기 보다는 하나님을 향한 그의 백성들이 경배하는 영성적이고 인격적 행위이기 때문에 예배는 〈하는 것〉이 되는 만큼 그 하는 것의 시발적 행위를 〈시작한다〉로 하면 되는 것이다. 따라서 회합의 중심주제를 위한 〈개회〉가 아닌 예배를 중심주제로 하는 〈예배를 시작하겠습니다〉 또는 〈예배를 거행하겠습니다〉로 표현하는 것이 적절할 것으로 판단된다.

『묵도』는 『묵상기도』로

그리고 예배시작 시에 〈묵도〉로 예배 시작하겠다는 말을 쓰는 경우도 적절하지 않다. 이는 한국 교회들이 오래도록 관행적으로 쓰고 있는 표현인데 지금이라도 가급적이면 고쳐야 한다. 이 묵도는 예배순서에 반영되지 않았던 것인데 일제 강점기에 군국주의의 잔재가 언제인가 개혁교회 예배에 도입이 된 것이 굳어져 있는 것으로 전해지고 있다. 이는 일본 사람들이 신사참배 때나 가정에 소장한 개별 신을 섬길 때 신을 마음속으로 주목하면서 묵념하는 것을 묵도라고 한 것에서 유래된 것으로 보는 것이다.

그러므로 성경적으로나 교회사적으로 보아 〈묵도〉라는 말을 예배순서로 구성할 근거가 없을 뿐만 아니라 일본인의 미신을 섬기는 것에서 유래된 말이므로 이를 바로 잡아야 하되 성경에 〈묵상;默想〉(시1:2, 19:14, 77:6, 119:15, 수1:8)이라는 말씀이 다수 있으므로 이를 근거로 묵도는 〈묵상〉 또는 〈묵상기도〉로 바로 잡아야 할 것이다. 언어의 일치는 사상과 감정의 일치를 이루는 것인즉 교회용어, 신앙용어 바로 잡아 바른 교회 이루어야 할 것이다.

바른 말 바로 쓰기

예배당 강단 설교대에 「촛불」점화의 〈상징성〉에 대하여

개혁교회 예배당 강단 설교대에나 독경(讀經)대에 예배 시에, 또는 상설로 촛대를 설치하고 촛불을 점화하는 사례를 볼 수 있는데 신학적인 관점에서 재고의 여지가 있다고 본다. 우선 성경에는 〈초〉나 〈촛불〉이라는 말은 없다. 다만 등(요18:3, 마5:15, 25:1, 3, 4, 7), 등불(사42:3, 43:17, 눅11:33, 8:16,계4:5 등등), 등잔(출25:37, 35:28, 민4:9), 촛대(왕하4:10), 등경(燈檠; Lampstand)(눅8:16, 11:33, 마5:15) 등이 성경에 기록되어 있는데 이는 모두 〈초〉(蜜, 蜜蠟)의 등속(等屬)으로 보아 빛의 공통성이 함유(含有)되어 있음을 이해하는 것이다. 다만 이 등불은 옛날 근동(近東)에 건물의 내부가 대낮에도 컴컴했기 때문에 주야로 켜 놓았던 것으로 본다.

구약에서는 등의 비유적 용법으로 등불을 끄는 것은 멸망을 가리키는 은유(隱喩)적인 의미를 부여했다. 예컨데 유다의 멸망(렘 25:10)과 악인의 멸망(욥21:17, 잠13:9, 20:20) 등이 그 예이며 반

면에 다윗은 이스라엘의 등불(삼하21:17)이며 그 왕조는 다윗을 위한 등불이다(왕상11:36, 15:4)라고 했으며 또한 모든 빛의 근원으로서 하나님 스스로는 등불이 되신다(삼하22:29, 시18:28, 132:17)고 하였다. 그리고 이 등대는 솔로몬 성전, 스룹바벨 성전, 헤롯 성전에 설치된 일이 있고, 성막과 성전의 등대는 유대교와 기독교를 상징하는 기초가 되기도 했다(요8:12). 그러나 이 상징이 11세기부터 가톨릭교회와 동방교회, 성공회, 루터교회 등에서 지나친 알레고리(Allegory)적인 전통이 되어 있는 것을 개혁교회들이 검증 없이 도입하여 예배의 경건한 분위기 조성과 엄숙한 의식을 구성하기 위해서라는 명분으로 예배당을 장식하고 있다. 원래 초대교회에서 촛불이나 등불을 켜게 되었던 것은 예배당 안의 조명이 요구되어 실용적인 목적으로 사용되고 있었고(행20:8), 각종 종교의식의 상징적 도구로 쓰였으며 초기 기독교 주변 문화권 즉 헬라와 유대 문화에서의 실내등은 일종의 장식용과 실내 공기 정화용이기도 하였다. 이것을 개혁교회들이 성탄절, 부활절, 송구영신 예배 등에 도입하여 이 촛불행사가 이루어지고 있는데 이는 이교적인 것과 무속적인 면이 없지 않다. 촛불이 부활과 성탄의 뜻을 상징하는 것이라고 하나 이 성탄과 부활은 역사 속의 위대한 실체로 이미 실현된 사건으로서 그 자체가 성탄의 뜻과 부활의 뜻을 충분히 자증(自證)하고 있다.

상징이란 미래에 될 일이나 관념적인 존재와 미경험적인 사건을 어떤 사물의 매체를 통하여 그 실체와 속성을 짐작시키는 가현물(假現物)에 불과한 것을 실체가 실현되면 상징물은 의미가 없는 것이고 실체적 사건 앞에서 성령님을 통한 인격적인 경험이 있을 뿐이지 형식적이고 풍유(諷諭)적인 물체를 통해서 본질을 나타내고자 하는 것은 생명 있는 교회가 취할 일이 아님을 판단해야 한다.

바른 말 바로 쓰기

각종 「기도회」라는 말은 「예배」라는 말로 바로 잡아야 한다

한국교회가 오래 동안 관행으로 쓰고 있는 말 중에 〈수요기도회〉 또는 〈삼일기도회〉라는 말이나 〈새벽기도회〉, 〈금요철야기도회〉라는 말을 익숙하게 쓰고 있는데 이는 부적절한 표현이다. 결론적인 말로 표현하면 수요기도회는 〈수요예배〉, 새벽기도는 〈새벽예배〉로, 철야기도는 〈철야예배〉 또는 〈심야예배〉로 고쳐 써야 한다. 교인이 공동적인 신앙행위를 위해 교회당에 모이는 것은 그 동기와 목적은 언제나 규모의 다소를 막론하고 예배에 있고 기도라는 요소에 더 치중한다 하더라도 그 형식은 예배인 것이다. 언제나 두 셋 사람이 주의 이름으로 모이면 그곳은 원리적인 교회이요 그 교회가 예배요소를 구성하여 신앙행위를 하는 것이면 당연히 그것은 예배가 되는 것이다.

〈기도회〉라고 할 때 기도는 예배학적으로 볼 때 신앙 행위이면서 예배요소인 것이다. 성도가 모여서 하나님을 대상으로 하는 영적 행위가 어찌 단순한 기도만이 있을 수 있겠는가? 거기에는 찬송과 말씀이 있고 기도가 있으니 예배의 중심요소를 갖추어 수행하는 기도회이니 이는 분명 예배인 것만은 틀림없다. 어느 때는 기도를 중심으로 교회에 모였던 일이 있었다. 그 때는 특별히 예배 인도자나 설교 순서가 없이 모여 기도하던 때에 관행을 그대로 쓰는 말이 아닌가 한다. 그리고 예배를 주일 하루의 예배로만 생각하고 기타의 예배는 정식예배가 아닌 비정규적인 모임은 기도회로 여겼던 것에서 비롯된 말임을 이해할 수 있다. 그러나 기도회에는 예배요소가 하나님께 수행되는 한 단순한 기도회는 이미 아닌 것이다. 주일예배가 보편적인 교회의 중심 예배라면 기타 예배는 한국교회에 이미 제도화되고 고정된 주일 외적 특별예배인 것이다. 따라서 성도가 교회에 모이는 것은 예배가 없는 모임은 없는 것이다. 모든 모임은 하나님의 영광과 송축이 있고 이것은 궁극적인 그 모임에 목적인 것이다. 그런고로 〈수요일예배〉, 〈철야(심야)예배〉, 〈새벽예배〉가 되어야 하고 또한 그렇게 지칭해야 한다. 이와 관련하여 〈가정예배〉, 〈구역예배〉, 〈심방예배〉등은 교회당에 모이는 것보다는 더 사(私)적인 성격을 띠고 있고 그 규모 역시 적지만 예배의 형식이 있으므로 그것은 예배라고 하는 것이다. 따라서 새벽, 철야(심야), 수요 등의 교회의 집회는 분명히 교회의 공식 모임인 이상 기도회로만 특징 지워 표현할 것이 아니라 그것은 분명히 예배가 되는 것임을 유념해야 할 것이다.

이와 관련하여 각 교파의 교리장정이나 예배모범에 보면 〈삼일예배〉, 〈삼일기도회〉, 〈수요일예배〉, 〈수요일 밤기도회〉, 등으로 기술하고 있으나 가장 적절한 표현은 〈수요일 밤예배〉 일 것이다. 〈주일예배〉가 요일 개념을 함의(含意)하고 있듯이 〈요일〉은 예배의 시행시점을 정한 것이니 〈삼일예배〉라는 말은 적절치 않다.

바른 말 바로 쓰기

복음송과 CCM은 예배찬송 될 수 없다

많은 교회들이 가스펠 송이나 CCM(Contemporay Christian Music)을 예배찬송으로 혼용하는 것은 염려스럽다. 이는 열린 예배(Seekers Service) 형식의 영향으로 볼 수 있을 것 같다. 성경적인 관점에서 보면 하나님의 영광을 위한 노래가 찬미(엡6:1, 14, 골3:16), 찬송(시101:1), 찬양(시66:2, 눅1:46), 송축(창24:27, 마21:9) 등인데 어원적 명시는 다르나 그 공통적인 노래의 주제적 정조(情操)는 〈하나님께 가까이 나아가는 경배행위로서 그의 영광과 존귀를 기리는 목적으로 모든 피조물이 하나님의 광대하심과 섭리사역에 대한 응답으로서 참된 경건의 주된 요소〉라고 할 수 있다. 명백히 창조주 하나님은 그의 백성으로부터 구원사역에 대한 찬송, 찬미, 찬양을 받으시기에 합당하신 분으로서(시67:3-5, 고후9:15) 그에게 찬양을 하도록 계속 요구받고 있는 것(시107편, 렘20:13)이 성경적인 관점이다.

그렇기 때문에 이 찬송은 하나님의 창조, 인간의 타락, 성육신, 고난, 죽음, 부활, 종말 등의 그리스도의 우주적 전 사역에 대한 예배와 송축(Doxology)을 통해 구속사건의 반복적 재현과 영적 행위가 예배와 찬양이라고 할 때 전술한 가스펠 송이나 CCM이 과연 예배찬송과 예배요소로 옳은 것인가? 분명한 것은 넓은 의미의 기독교 음악의 범주에 드는 종교음악이 곧 예배 찬송일 수는 없다. 예배찬송은 음악이 가진 어떤 미학적 요소나 예술 그 자체를 바치는 것이 아니라 하나님의 무한 존재와 그의 계시와 역사와 본질을 그리고 우리와의 관계를 기리며 송축하는 경배인 것이다. 그리고 음악적인 심미성(審美性)이나 예술적 감흥의 반응이나 우리의 누림과 발현(發顯)이 아니라 하나님의 본성적인 위대하심을 높이고 찬양하는 것이다. 거기에는 분명히 찬송의 요소가 있어야 한다. 찬송은 음악 이상의 영적 실재와 차원이 있는 것이다. 작시와 작곡에 성령님의 감동과 깊은 영적인 체험요소가 융합되어 있어야 하고 신구약에 계시된 하나님의 본질과 인류 구속에서 솔선하신 하나님의 사랑과 속죄의 은총, 그리고 무한과 불변의 속성이 묘사되어야 하고 구속의 깊은 감격과 감사와 고백이 있어야 하며 하나님을 향한 헌신과 앙모의 영적 경도(傾倒)가 있어야 한다.

그러므로 찬송에서 하나님의 형상을 떠올려 인간의 전인(全人)적 경배가 이어야 하되 사람의 흥겨움과 심성의 정제(淨濟)와 자족감이나 유쾌감을 누리려는 예술로서의 음악은 이미 찬송이 아니다. 하나님의 계시에 대한 정성어린 반응이나 그리스도의 고난의 묘사나 속죄적 감격이 없고 십자가 도의 정신의 기림과 부활과 내세의 기대가 없는 음악이 찬송과 찬양이 될 수는 없다. 찬양을 경건의 주된 요소로 본다면 CCM과 가스펠 송은 인본주의적 작의(作意)와 목적에서 찬양적 요소가 결여된 것이다. 예배의 생명은 하나님의 임재 앞에 응답자의 경건이라고 볼 때 경건성이 없는 예배는 종교행위는 될 수 있어도 예배는 아니다.

바른 말 바로 쓰기

교회용어 관행적 오용이 바른 뜻 훼손한다

그간 본보에서 한국교회 갱신을 위해 교회용어 오·나용(誤濫用)의 사례를 들어 신학적, 신앙적, 어법적 관점에서 잘못된 점과 그 대안적인 점을 95개 항목을 논증(論證)하여 한국교회 앞에 감히 제안한 바가 있다. 그간 많은 독자로부터 지지와 성원에 힘입어 우선 오·남용의 빈도가 많고 방관할 수 없는 사례들을 바로 잡고자 하였다. 물론 몇 가지 유형에 따라서 약간의 관점의 차이에서 견해를 밝혀준 독자와는 부연설명을 통하여 서로 충분한 이해를 나눈 사례도 있었음을 밝혀 사의를 표하고자한다.

그런데 아직도 많은 사례에서 교회용어가 바르게 사용되지 않고 있다는 점은 비감(悲感)을 금할 바가 없다. 모두 지성적 판단에서는 오용(誤用)을 인정하면서도 습관적으로 고쳐지지 않는다고 하니 아무래도 이것은 거(擧)기독교적인 운동을 전개할 필요가 있다고 사료된다. 만약 오늘에 사용하고 있는 착오된 용어를 계속

방치한다면 다음과 같은 몇 가지 심각한 문제를 예상할 수 있을 것이다.

첫째, 동일한 사물에 대한 같은 언어 군집이 각각 다른 의미를 부여하거나 그 개념적 이해의 차이가 있다면 대립적 사고를 형성할 것이고 통일된 행동 양식과 언어와 관련한 상황인식의 일치가 없다면 그 부작용은 적지 않을 것이 틀림없다. 그것이 신앙 및 성경과 관련이 있다면 더 더욱 그럴 것이다.

둘째, 언어에 대한 개념이해와 관점의 차이는 지성의 마찰과 사고의 충돌이 야기되어 교회 공동체의 특성을 훼손할 가능성이 있을 뿐만 아니라 신앙의 표준이 무너질 가능성이 있다.

셋째, 교회용어를 바르게 쓰지 않을 때 건전한 기독교 언어문화 창달은 물론 바른 교회의 전형(典型)을 구현할 수 없을 것이다.

넷째, 착오된 교회용어의 오·남용을 갱신하지 않고 오늘의 신앙 전통을 이어 받을 제2세 신앙후예들에게 언어유산을 착오된 채 그대로 전수시킨다는 것은 너무 무책임한 처사가 될 것이고 신앙의 도리와 진리를 오해케 한다면 가볍게 생각할 문제가 아닌 것이다.

그러므로 오늘을 사는 지도자와 설교자들 그리고 교우들은 성경이 신앙과 행위의 표준임을 전제하고 성경적으로 적합하지 않는 말을 관행적으로 사용하는 일은 삼가야 한다.

한국교회는 교인이 오도(誤導)되지 않도록 교회용어를 신학적인 검증을 해야하고 교인들은 지도자가 쓰는 말 그대로 모방하여 표준을 삼고자 한다는 사실을 유념하여야 한다. 따라서 필자는 그간에 작은 충정으로 고쳐 썼으면 하였던 당면한 오·남용되고 있는 교회용어의 사례를 문헌으로 발행하였다. 작은 것이지만 함께 이 문제에 대하여 뜻 있는 인사와 함께 고민할 수 있는 매개체가 되었으면 하는 기대를 감히 가져본다.

바른 말 바로 쓰기

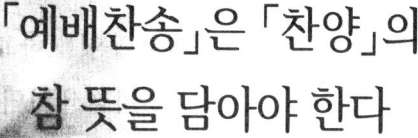

「예배찬송」은 「찬양」의 참 뜻을 담아야 한다

본보 제7585호 제11면, 2003년 12월 7일자에 본 주제와 관련 있는 내용을 논급한 바 있는데 한국교회가 시급히 갱신하고 본래의 의미로 복원하여야 할 문제가 「예배찬송」과 「찬양」의 문제이다. 예배찬송은 진정한 의미의 찬양이 되어야 한다. 그것은 찬양할 이유와 동기가 인간의 종교성의 발상이 아니라 찬양의 의미가 하나님 자신에게 있고 하나님은 찬양 중에 계셔야 하고 찬양을 받으시기에 합당한 분임을 알아야 한다.

이런 의미에서 찬양의 참뜻은 그 찬양의 대상과 찬양의 주제를 바르게 인식하여야 하고 그 대상 설정에 있어서 신학적 이해가 있어야 하며 무엇이 주제가 되어야 하는지를 해석할 수 있어야 한다. 분명한 사실은 찬양의 대상은 성부 성자 성령님의 삼위의 본질적 일체의 유일성으로 동시적 동등하게 영존하사 모든 존재가 그분으로부터 기원된 것에 해석이 있어야 하며 그분이 인간과 관계에서 어떤 분이시며 무엇을 하셨고 무엇을 하고 계시는지를 찬양으로 설명되어야 하고 그분의 무한자로서 사역과 그의 경륜 가운데 자신을 드러내신 계시적 수단을 통해서 인격성으로 인간역사에 중심이 되시고 활동하심을 찬양의 관점이 되어야 한다.

찬양이 인간을 탐구하는 철학이 되거나 관념적으로 하나님의 절대성과 관계를 추구하는 종교본능의 발산이거나 그는 인간의 소원을 성취해주시는 기원의 대상으로 설정하고, 믿고 받은 만큼, 신에 대한 자기인식 범위만큼 반응하고 반향(反響)하는 수준이 곧 찬양이 될 수는 없다. 찬양은 인간이 그를 향한 어떤 행위가 아니라 하나님의 본질에 대한 찬미에서부터 그분의 섭리와 인간구속의 사역 그 자체가 찬양으로 존재하고 있음을 주목하여야 한다.

따라서 찬양의 중심주제는 예수님을 통한 그의 구속의 행위일 것이고 이 구속의 중심은 예수님이시고 이 예수님은 영원한 찬양의 주제이시고 찬양의 핵심이시며 표적이신 것이다. 그러므로 찬양에는 언제나 삼위일체 하나님이 드러나야 하되 그분을 향한 사람의 행위가 묘사되거나 찬양자의 단순한 감흥의 표출에 그치거나 신을 향한 인간의 탄원이거나 소원성취의 기대와 심미(審美) 본능의 추구와 신세타령조나 삶의 다행감정이나 신앙심 격발(激發)이나 예배의 예비적 수단이 될 때는 참 찬양은 될 수 없다.

오늘날 교인의 입에는 교회음악은 있어도 진정한 찬양은 사라지고 있는 듯하다. 찬양이라는 명분 하에 사람의 위안이나 위무(慰撫), 종교심성 순화, 인간의 유희본능에 호소하고 오락적인 프로그램의 한 종목으로 또는 공연적 구경거리로 상업화되어 가는 모습은 이미 찬양은 속화되고 있는 것이기에 서글프기마저 한 것이다.

찬양과 예배찬송은 언제나 하나님을 기리기 위한 가사로 점철(點綴)되어야 하고 거룩과 경건과 장중한 곡조와 고백과 환호가 신께 집중되는 경도(傾倒)가 있어야 한고, 감사와 경배와 헌신적 결단과 교제가 있어야 하고 그분을 사모하고 그분을 향한 기도가 되어야 한다.

「축원합니다」라는 말은 「설교체」 용어로는 부적절하다

한국교회의 초대형교회 목회자를 포함한 일부 교역자를 제외하고는 대부분의 교역자들과 부흥사 목회자들의 설교말씀에서 말씀의 표현단위(音步) 마감대목마다, "00되기를(하기를) 주의 이름으로 축원합니다"라는 표현으로 회중들의 〈아멘〉의 반응을 유도하는 설교 어체(語體)는 적절하지 않다.

「축원」(祝願)이라는 말은 성경에 명시적으로는 자주 표현되지 않는 용어로서 잠언 11장 11절에 나타나 있는데 영어성경(NIV, KJV, NASB)에는 Blessing(축복, 신의 은총)으로 표현하고 있고 의미상으로는 히브리어로 〈바라크〉(축복-창28;4, 송축-대하 20;26)에서 유래한 〈베라카〉로 표현되어 있는데 주된 의미는 〈축복하다〉라는 말로서 창1:22을 비롯한 성경에 330회가 표현되어 있다. 따라서 〈축원합니다〉는 분명히 하나님의 종들이 하나님께 복을 비는 기도(기원)의 행위이며 기도의 어체(語體)이고 기도의 내용적 틀인 것이다. 뿐만 아니라 사전적인 뜻으로도 "하나님께 자기의 소원이 이루어지게 해 달라고 빎"(Prayer;잠11:11)을 나타내는 축원문(祝願文)의 준말로 이해되는 말이다.

물론 설교의 내용적 성취를 청중에게 기대와 바라는 절실성을 청중 자신에게 강조할 수는 있는 것이다. 그렇다면 기원적인 어투로 〈주의 이름으로 축원합니다〉로 표현을 할 것이 아니라 설교적인 기대를 선언적인 강조 투로 〈...바랍니다〉라고 표현하면 될 것이다. 특히 "주의 이름으로 축원합니다"는 기도체의 전형(典型)으로서 성경에는 언제나 예수님의 이름으로 기도하라고 하였다. 그런 관점에서 보면 〈주의 이름으로 축원합니다〉는 기도가 분명하다.

그리고 설교와 기도는 예배를 구성하는 중심 요소로서 각각 독립된 개념을 가지고 있는 본질이 다른 두 요소를 동시에 혼합을 하여 표현하는 것은 원리에 맞지 않다. 더구나 설교는 예배의 객관적인 신적 요소로서 하나님이 사람을 대상으로 하는 임재(臨在)적 요소이고 기도는 예배의 주관적 요소로서 인간이 하나님을 대상으로 반응하는 응답적 요소이기 때문에 이 두 요소가 혼합적으로 표현되어서는 안되는 것이다. 설교는 오직 설교 만이어야 하고 기도는 오직 기도 만이어야 하는데 이를 병합을 시키는 것은 오류인 것이다. 물론 설교의 결과를 기대하는 표현이라고 변명을 할 수는 있을 것이다. 그러나 사람을 향한 설교의 교훈적 내용을 어찌 기도체로 바꾸어 하나님이 대상이 될 〈주의 이름으로 축원〉이 가능하겠는가? 이 말은 인간의 소원을 중재하여 남을 위해 축복하는 행위인데 하나님의 말씀을 선포하는 시제(時制) 안에서 설교외적 요소인 기원체를 삽입하여 혼합시키는 것은 부적절한 행위이다. 〈주의 이름으로 축원합니다〉는 설교의 본질적 요소가 아닐 뿐 아니라 은혜적인 요소도 아니다. 의지적으로, 관행적으로 계속 쓰면 설교의 감화력이 훼손될 수 있음을 유념해야 한다.

바른 말 바로 쓰기

「제비뽑아」(추첨선거) 선거한다는 말에 대한 유감(有感)

최근에 한국 개혁교회의 교단 중에는 교단장(총회장) 선거방법을 〈제비〉를 뽑아 선출하는 사례를 볼 수 있다. 전통적인 선거방법은 무기명 투표제였는데 이를 개혁한 셈이다. 여기에는 몇 가지 고려점이 있었다고 보는데 첫째, 투표제가 너무 비리적 폐단이 많기 때문이고 둘째, 선출방법이 고비용 비능률적이라는 점이며 셋째, 과열된 경선으로 교단 인맥간의 파벌과 불화가 조장된다는 점과 그리고 가장 중요한 명분은 성경에 제비를 뽑아 선출할 수 있는 계시적 명분이 있기 때문이라 이해된다. 여기에서 〈제비〉를 뽑는다라는 말은 언어문화 현장에서 같은 뜻으로 쓰이는 말은 추첨(抽籤)이라는 말로서 역시 〈제비뽑다;drawing lots〉라는 말과 같다. 이 말이 성경 수 십여 곳에 표현되고 있는 중 본 주제와 관련해서 대표적인 것은 잠16:33, 18:18, 수14:2, 3, 느10:34, 민26:55-56, 33:54, 대상6:54, 61-65, 24:5, 행1:26, 욘1:7 등을 들 수 있는데 그 사례는 '인물의 선택', '기업의 분배', '공평한 소유', '범죄한

교회용어 바로 쓰기 57

인간의 지목', '성(城)의 분배', '하나님의 섭리와 작정' 등을 들수 있다. 이러한 관점에서 그 형식과 방법이 오늘에 와서는 반문명적이고 비문화적이며 비이성적인 원시적 방법이라 비판이 있을 수 있으나 거기에는 선민의 삶과 하나님의 경륜적 내재성을 간직한 종교적 배경과 공공성이 있고 형평성을 유지한 사회적 질서의 개념이 담겨 있으며 기독교적 가치와 규범과 도덕성을 지닌 전대(前代)의 선인들의 지혜의 자취와 종교문화의 산물로서 이 시대에 재현 못할 역사의 잔재(殘滓)는 아니라고 보는 것이다.

특히 그간에 한국교회의 대규모의 교단 교회들의 선거양상을 볼 때 혐오스러운 개선점이 많이 있어 온 것이 사실이다. 선거에 있어서 사람의 자율적인 대중심리와 군중들의 의견이 언제나 하나님의 뜻과 일치된다고만 볼 수 없고 성령님이 주신 마음으로 한다고만 할 수 없을 것이다. 다수자의 투표가 필연이 아니라면 하나님의 뜻에 더 근접된 방법과 교회의 덕을 세우는 일을 택하는 것이 순리일 것이다. 전술한 바대로 성경에는 제비뽑는 일과(행 1:26) 회중들의 선거로 사람을 택한 일(행6:5)의 두 방법을 명시하고 있는데 하나님의 사람을 세우는 일에 성령님의 조명은 투표행위와 추첨행위에 차이점은 없을 것이다. 그렇다면 많은 비리가 야기되는 오늘과 같은 선거의 방법은 또 다른 성경적인 근거를 찾아 개선할 필요가 있다고 본다. 투표행위와 관련하여 성령님의 감동과 신앙 양심에 따라 한다는 전제가 많은 부정한 작태를 빚고 있는 일까지도 곧 하나님의 뜻과 양심적 행위로 볼 수 있겠는가? 투표 과정에서 분쟁, 비리, 파벌이 생긴다면 대안을 찾는 것은 옳을 것이다. 성경에는 "제비를 뽑는 것은 다툼을 그치게 하며 강한 자 사이에 해결케 하느니라"(잠18:18)와 "사람이 제비를 뽑으나 일을 작정하기는 여호와께 있느니라"(잠16:33)라는 말씀을 주목할 필요가 있다.

바른 말 바로 쓰기

「영상예배」(화상예배)에 대한 위기개념 가져야 한다

　오늘날 대형교회들 중에는 같은 공간 건물 안에 또는 다른 지역 공간에 제2성전, 제3성전이라는 예배실을 배치하고 영상(映像) 수상기(monitor)를 설치하여 본 성전 예배실황을 온라인(on-line)으로 전송된 화상(畵像)을 통한 예배는 옳지 않다. 예배는 그 의미와 목적과 정신도 중요하지만 그 방법과 형식도 중요한 것이다. 첨단 과학문명과 정보매체 수단이 고도화된 문명의 이기가 보편화된 오늘의 사회적 환경에서 교회의 예배의 형식은 편법주의를 선호하는 추세는 예배의 전형(典型)이 무너지는 위기감마저 든다. 교회사적 관점에서 기독교 예배는 그 시대의 문화적 현상과 접촉해 왔고 수용과 개입을 통한 절충이 되어 온 것이 사실인데 그것은 예배의 정신을 극대화하는데 불가피한 선별적 수용이었다고 볼 수 있으나 오늘의 전자정보 매체의 위력을 무정견하게 수용한다면 사이버(cyber) 공간활용을 통한 예배와 가상공간교회(cyber Church)로 발전하여 개별적 재택(在宅)예배로까지 전락할 가능성이 없지 않을 것이다. 본질적 의미에서 교회는 그리스도께 연합된 언약공동체, 신앙과 예배와 사랑과 인격적인 공동체이다. 그 공동체가 회중적 유기체를 이루어 성령 안에서 일체됨을 확인하고 하나님을 예배해야 하며, 예배는 신자 개인이 하나님을 체험하는 것만 아니라 인격의 연합적 작용이 있어야 하며 그리스도의 지체됨을 확인하는 영적 교감이 있어야 한다.

한국교회의 예배의 주된 형태가 설교 중심의 예배가 되어 일반적으로 예배는 설교를 들으면 되는 것으로 인식하고 있어 화상(畫像)을 통하여 목사의 설교를 들으면 되지 않겠느냐고 반문한다. 그래서 예배는 반드시 모여야 할 회중(會衆)이 듣는 자로 청중화(聽衆化)되어 가고 있음은 심히 우려하지 않을 수 없다. 예배가 화상 공간에서 개별화되고 소 집단화한다면 예배의 필수적인 성찬은 어떻게 할 것인가? 성찬의 정신과 그 의식적 실천이 생략된 예배라면 본질적 의미를 저버리는 격이 될 것이며 성찬은 교회의 공동체성을 회복해 주는 기독교의 본질이다. 이 공동체적 행위의 개념은 예배의 기본이며 이것을 잃으면 참 예배는 없는 것이다. 함께 모여 잔을 나누고 떡을 떼어야 하고 그러기 위해서 모여야 한다. 문명의 이기의 첨단화로 개인주의가 심화되어 소외와 외로움의 인간비극이 점점 커 갈수록 모임은 더 강조되어야 하고 사람과 사람의 관계단절이 분명 슬픈 일이기에 어울려 살아야 하는 것이 복음이다. 종말 때까지 변하여서 안될 일은 예배의 공동체적 개념이다. 현대과학 문명이 세속의 삶을 변혁할지라도 예배를 가상적 공간에서 하나님을 경험할 수는 없다. 반드시 예배는 인격적인 작용공간인 물리적인 실제적 예배공간에 공동체적 모습을 이루어야 한다. 그러자면 모니터의 화상을 바라보는 개별화된 예배는 지나친 예배의 비영성적 문화화(文化化)하는 것이므로 화상 또는 영상예배는 복음적 행위와 영적 행위가 될 수 없다. 예배를 정보화 또는 문화화하는 일은 한국교회가 삼가야할 당면한 위기적 과제로 바르게 대응해야 한다.

바른 말 바로 쓰기

워십 댄스(Worship dance)가 예배구성 요소인가?

　최근에 한국교회는 전대(前代)에 볼 수 없었던 새로운 교회문화 행사종목인 예배춤(워십댄스)이 예배에 도입되어 만연(蔓延)되는 추세에 있다. 아마도 종교적 여흥(餘興)(Religious entertainment)을 즐기려는 회중들의 유희적 성향과 젊은이들의 오락적 취향에 맞추려는 열린 예배에 기생(寄生)하여 유입된 프로그램으로 보아진다. 20세기에 미국의 흑인 사이에서 불려진 흑인영가(靈歌)와 재즈가 혼합된 종교가요인 가스펠 송(Gospel song)은 동시대의 음악인 CCM과 함께 워십 댄스가 교회문화의 주조(主潮)를 이루어 전통예배와 혼합이 되고 있어 우려되는 바가 없지 않다. 춤(Dance)이란 〈가락에 맞추거나 절로 흥겨워서 팔다리나 온 몸을 율동적으로 움직여 어떤 감정을 나타내는 동작(무용)〉을 말함인데, 이스라엘 백성들은 고대 근동지역 민족들과 같이 그들의 감정을, 〈히, 메홀라;마홀〉이라는 말로 표현된 춤에 익숙하여 여인들은 원무(圓舞)를 즐겼고(출15:20, 삼상18:6, 렘31:13, 시149:3) 남성으로서는 다윗이 언약궤 앞에서 춤을 추었다는 유일한 기록이 있다(삼하6:14). 대개 이 춤은 승전을 경축할 때(삿11:34, 삼상 18:6-7,), 기쁨의 표현(욥21:11-12), 추수감사절과 홍해를 통과한 감사의 표현(출15:20), 종교행사(시149:3, 150:4) 등에서 춤을 추었는데 구약은 춤을 유대인의 삶의 필수 요소로 간주하였고(삿 21:21, 23). 전도서 기자는 "춤을 출 때가 있음"을 나타내었으며 (전3:4), 시편은 "슬픔이 변하여 춤이 되게 하신 주를 찬송한다" (시30:11)고 하였다.

그러나 신약에는 돌아온 탕자의 비유에서 아버지의 기쁨을 풍유와 춤으로 표현한(눅15:25:헬, 코로스) 것 외에는 춤의 예가 거의 없다. 예수님의 세례요한의 금욕주의적인 생활양식과 삶을 긍정하신 태도와 무관하지 않을 것으로 유추(類推)된다. 성경에는 춤을 예배에 도입할 충분한 근거는 없다고 본다. 춤은 감정적 표현욕구의 수단인 신체의 상징적 작용으로서 암시를 통한 추측을 유도하는 몸짓이지 인격적인 사상을 언어의 수단을 통한 윤리적인 의미를 주는 구체적인 정신작용은 아니라고 보아야 한다. 춤은 어떤 경축행사나 절기에서 신의 은총에 대한 환희의 극치를 표현하는 것인데 예배의 한 구성요소로 도입하는 것은 예배를 유희화(遊戲化)하여 사람의 관심과 만족을 주려는 인본주의가 된다. 예배의 본질은 경건에 있고 경건은 영적인 내재성에서 이해되어야 하지 어떤 몸짓이나 신체적 작용을 통한 시각화(視覺化)하는 것은 아니다. 그리고 춤은 어떤 가락에 동작을 결합하는 행위로서 종교적인 의미는 그 가사와 곡에서 몸짓 이전에 예배적인 요소로 완성되는 것이다. 성경에도 구약의 제의(祭儀)적 성전예배 때에나 신약예배에 춤의 순서가 구성된 근거는 없다. 춤은 구원받은 신자들의 감격을 종교 행사적인 순서로 도입하여 표현하는 것이 좋을 것이다. 그런 관점에서 워십 댄스(예배춤)란 말 자체가 부적절하다. 강단이 예술무대가 되고 예배순서가 오락화하는 것은 예배의 타락이며 예배타락은 기독교를 무너지게 함을 교회들은 유념해야 한다.

바른 말 바로 쓰기

「부흥회」를 「사경회」(査經會)로

　　부흥회는 초대교회의 오순절 성령님 강림과 함께 시작되어 베드로의 3천명 회개운동과 바울사도의 전도로 여러 교회설립과 16세기의 기독교개혁으로 복음적 교회 확장과 제후(諸侯)들과 고위성직자들의 개종을 계기로 세계적인 부흥을 일으켰으며 1740년에는 미국의 J. 에드워즈를 중심으로 신앙 부흥운동이 전개되었다. 초기 한국 개혁교회에서는 1903년부터 신앙부흥운동이 시작되어 1904년 장로교, 감리교의 연합사경회, 평양 장대현교회의 길선주 목사가 시작한 새벽기도회, 1907년 W.N. 블레어 목사의 평양 부흥회로 이어져 1940년대에는 이성봉, 박재봉 목사의 부흥운동. 그후 빌리 그레이엄 목사의 부흥집회, 김활란 여사의 복음화운동, 순복음교회의 부흥운동 등은 한국교회 부흥운동의 힘이 되었다. 1971년에는 한국 기독교부흥협회가 결성되었고 1974년에 대학생선교회 김준곤 목사의 〈엑스폴로 74 대회〉, 1980년에는 세계복음화대성회가 열린 이래 오늘까지 지속되고 있다.

사경회(査經會)는 1890년 6월 중국주재 선교사 J.I. 네비우스가 "성경연구"를 권장하여 한국의 최초의 사경회는 선교사 H.H. 언더우드 집에서 7명의 교인이 모여 성경을 배우는 사경반(査經班)으로 운영하던 것이 전국적 발전을 하였는데 이 운동이 많은 교인들의 호응을 받았고 교회의 부흥의 중심이 되어왔다. 이 사경회란 "개혁교회 교인들이 모여 성경을 함께 공부하여 영적 각성과 생활의 쇄신을 도모하고 신앙심을 깊게 하여 교회의 질적 성장과 불신자전도의 능력배양을 위한 특별기도집회"를 의미하며, 사경(査經)은 성경을 자세히 연구한다는 성경에 상고(詳考)(요5:39, 행17:11, 신4:32, 사43:16)로 표현된 말씀에 근거가 있다.

오늘날 한국교회는 사경회라는 말은 없고 부흥회도 퇴색되고 있다. 부흥회는 있으나 영적 결실은 없다. 부흥사들의 심각한 문제의식이 없고 교인들의 부흥회에 절실한 기대 또한 소극적인데 일차적인 문제가 있으며 기도의 부족과 말씀이 부실하다는데 근본적인 문제가 있다는 것이다. 설교는 현세적 기복에 치우쳐 있고 성경공부 시간은 생략되었다. 손뼉치며 열광적인 복음송은 요란한데 설교에는 진리의 깊이가 빠져 있다는 것이 신자들의 중론이다. 성경에 오순절부흥회, 미스바부흥회, 에스라부흥회는 모두 성경으로 돌아가 성경을 상고하여 하나님의 뜻을 발견하고 회개와 영적 경성으로 모든 난관이 치유되는 살아 있는 체험의 집회였다. 말씀으로 돌아가고 말씀에 지배를 받고 능력 받고 깨달음으로 돌아갔기 때문이다. 지난날의 사경회는 강사는 많은 시간을 들여 성경을 연구하였고 교인들은 기도하면서 예약된 집회를 사모하였다. 말씀 없는 부흥회는 공허한 종교행사에 불과하다. 말씀이 바르게 해석되고 바르게 설명되고 말씀이 중심이 되는 집회로 돌아가야 한다. 그러자면 부흥회가 아닌 사경회로 집회의 성격과 명칭은 바꾸어 져야 한다. 진정한 부흥운동과 성령운동은 말씀운동인 것이다. 말씀을 배워 깨닫는 것에서 신앙과 교회를 세워 가는 것이기 때문이다.

「주악(奏樂)에 맞추어」는 「주악(奏樂)과 함께」로 써야 한다.

목회자들이 예배시작을 선언할 때 흔히 〈주악(奏樂)에 맞추어〉 "묵도하심으로 예배 시작하겠습니다"로 표현하는 말은 적합하지 않다. 주악(奏樂)이라는 말은 "음악을 연주하다"(Musical Performance)라는 말인데 성경에는 언약궤를 옮길 때 다윗과 이스라엘이 언약궤 앞에서 주악(奏樂)한 기록이 있는데(삼하 6:5, 대상 13:8) 이는 예배(제의)적 음악이 아닌 경축음악으로서 잣나무가지악기, 수금, 비파, 소고, 양금, 제금, 나팔 등으로 주악(奏樂)하였다.

그런데 음악에 맞추어 기도하자는 말은 의미상으로 볼 때 문제가 없지 않다. 기도는 어떤 유형의 기도이든지 그것은 하나님을 향한 영적 행위에서 상위 개념이다. 이 기도를 주악에 맞추어 버리면 기도가 주악(奏樂)을 구성하는 성분으로 결합한다는 일종의 유속복합어(有屬複合語)가 되어 두 말 중에 어느 한 말이 종속적인 기능을 가지게 되는 말이니 신학적인 의미에 있어서 부적절한 것이다. 기도를 음악(주악)에 종속시켜서도 안 되는 것이고 주악을 기도에 종속 또는 융합되어야 할 필요도 역시 없는 것이다. 주악은 음악이 가진 미적 요소로 주의 영광을 송영(頌榮)하는 것이고 묵상기도는 마음속 기도인 만큼 이 둘은 예배적인 의미에 있어서 병합(倂合)을 이루는 병렬복합어(竝列複合語)로서 각각 제 뜻을 가지고 동시적 의미기능을 나타낼 말인 것이다. 따라서 음악에 맞추어야 할 기도와 기도자는 존재할 수 없고 그렇게 해서도 안 되며 기도는 신앙행위의 중심 축으로 온전한 영적 기능을 가져야 한다.

그렇다면 〈주악에 맞추어〉라는 말은 〈주악과 함께〉라는 말로 바로 잡아야 한다. 이는 주악의 의미와 기도의 의미를 동시에 다 지니게 되기 때문이며 기도를 〈주악에 맞추어〉 버리면 인간의 신앙적인 사상을 하나님께 아뢰는 영적 교감을 비 사상적인 감성 요소에 의존하게 되는 격이 되기 때문이다. 그리고 묵상(默想)기도는 침묵적 잠재행위이기 때문에 주악으로 기도의 염(念)을 유인(誘引)하고 영적 상황을 조성코자 주악에 맞춘다는 것은 기도와 주악의 의미를 왜곡하는 관습적 표현에 지나지 않는다.

그러므로 목회자들은 주악이나 묵상기도의 예배학적인 바른 관점과 예배요소에 대한 신학적인 의미를 확인하여 예배의 본질에 괴리(乖離)가 되는 부적절한 표현은 갱신하여야 한다. 묵도는 묵상기도로 하고 〈주악에 맞추어〉는 〈주악과 함께〉로 예배의 용어를 습관적으로 잘못 쓰는 것을 바로 잡아 신자들의 건전한 영성을 일깨워야 될 것이다.

바른 말 바로 쓰기

「묵도하므로」 "예배시작하다"는
「묵상기도로」 "예배시작하다"로

    교회의 예배 시에 예배 인도자가 예배사(禮拜辭)에서 "묵도하므로(하시므로) 예배 시작하겠습니다"라고 표현하는 것을 흔히 볼 수 있는데 이는 적절한 말이 아니다. 〈-므로〉(-으로)는 "ㄹ"받침으로 끝나는 음절이나 받침 없는 어간(語幹)에 붙어 어떤 이유와 까닭을 나타내는 연결어미(連結語尾)로서 예컨데 "비가 내리므로 옷이 젖는다"와 같은 성격의 사례에서 쓸 수 있는 말이다. 즉 어떤 일의 원인 결과 관계를 나타내는 말인데 이를 예배시작 순서에 습관적으로 잘못 쓰고 있는 것 같다. 물론 예배학적으로 예배 구성요소에서 예배시작을 알리는 순서가 언제나 〈묵상기도〉가 되는 것은 아니다. 따지고 보면 묵상기도도 예배시작 선언 이후에 연결되는 예배진행의 관행적으로 선행(先行)되는 순서로 보아야 한다. 이 순서(구성요소)를 시작 이후의 모든 예배순서를 결과적으로 발생시키는 것과 같은 원인격으로 어미(語尾;-므로) 처리를 하는 것은 착오인 것이다. 묵상기도는 그 자체로서 예배행위에 있어 신학적인 독립정신을 담고 있는 것이다. 〈묵상기도〉가 예배시작의 첫 순서일 뿐이지 그것이 다른 순서를 발생시킬 연동(聯動)적 원인으로 구성하는 것은 사실적으로 아닌 것이다. 그러므로 "묵도하시므로" 시작이 되고 안되고의 시작을 좌우하는 말로 표현되어서는 안 되는 것이다.

따라서 "묵도하시므로"는 "묵상기도로"라고 표현하여야 할 것이다. "-로"(-으로)는 받침이 없거나 "ㄹ" 받침이 있는 체언(體言)에 붙는 부사격조사로서 〈수단〉, 〈방법〉, 〈재료〉 또는 〈연장〉을 나타내는 어법적 기능을 나타내는 음절로서 그 쓰임새의 예를 들면 "칼로 나무를 베다"와 "나무로 집을 짓는다" 등의 성격을 지닌 표현을 할 수 있는 말로써 그 말 자체로서 다음 상황으로 연결 연장을 나타내는 가장 출발적 표현이 되는 말이다. 곧 전체 예배의 순서가 묵상기도로부터 시작되어 이후 순서로 이어져 진행할 것을 그 기점을 정하는 첫 순서라는 뜻을 나타내는 말이다. 강조하건데 "묵상기도"라는 언어의 재료로, 진행의 수단으로, 진행의 방법으로 설정하는 출발순서로 매김하는 말이다.

어떤 기도가 시작의 원인이거나, 찬송이 출발의 원인이 될 수는 없다. 그 순서가 이후 순서에 연동되어 가는 시작순서가 되어야 한다. 그러자면 "-로"로 처리하여 〈묵상기도로〉라는 방법과 재료로 설정하는 원인격이 아닌 출발격의 어형(語形)을 써서 예배를 시작하자는 청유형(請誘形)으로 표현하는 것이 옳은 것이다. 성경을 신앙과 삶의 표준을 삼는 모든 기독인들이 성경정신이 훼손되는 일은 비록 작고 적더라도 삼가야 할 것이다.

바른 말 바로 쓰기

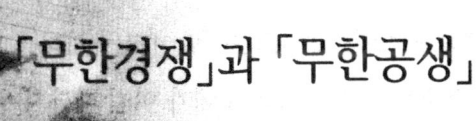
「무한경쟁」과 「무한공생」

　오늘날 우리사회와 교회의 지도자들까지도 강단에서, 시대정신과 특성을 이야기할 때 "무한경쟁"(無限競爭)의 시대로 규정짓고 이 경쟁에서 승리해야 한다고 강조하는 표현은 기독교윤리적 관점에서 설교의 언어로는 적절하지 않다. 경쟁이라는 말은 "같은 목적에 대하여 서로 겨루어 앞서거나 이기려고 다투는 것"이라는 말인데 성경에도 이와 같은 의미를 담은 기록이 있다. 야곱의 아내 〈라헬〉이 그의 형과 크게 경쟁하여 이겼다는 기록(창30:8)과 요시야 왕의 아들 〈살룸〉이 다시 왕이 되고자 "백향목으로 집짓기를 경쟁하므로"(렘22:15)라는 것인데 이는 그 경쟁이 신앙이나 윤리적인 바탕을 깔고 있지 않은 사례로 볼 수 있다.

　물론 "무한경쟁"이 오늘이라는 국제사회의 국가적 전략에 있어 국력의 범주인 과학기술과 지식정보, 인력과 자원, 문화와 국방 등의 모든 분야에서 경쟁력을 가지고 이겨야 한다는 생존 전략적 대안(代案)논리에서 이해되는 말이기는 하다. 그러나 그것이 제한 없는 경쟁을 상대가 쓰러져 내가 이길 때까지 무제한적 경쟁이라면 그것이 기독교적 윤리이겠는가?

오늘날 우리 사회의 총체적인 문제점의 발생은 무한경쟁의 논리에 바탕을 둔 잘못 된 가치관과 세계관에서 빚어진 현상으로 보아야 한다. 교회는 기독교적 세계관과 기독교적 가치관을 갖도록 해야 할 것이다. 그것은 바로 성경의 핵심적인 목적인 〈가르침〉(롬25:4)을 통하여 "한 사람이 모든 사물들에 대해 갖고 있는 기본적인 신념이나 견해의 포괄적인 틀"이 세계관이고 "사람이 살아가는데 기본적으로 전제(前提)된 세계나 만물에 대하여 가지는 평가 또는 근본적인 태도나 견해"가 가치관이라면 이러한 관점이 성경에 의해서 일깨워지고 형성되어야 하고 그 성경을 통하여 사물의 가치를 보고 가치를 부여하는 관점이 기독교적인 것이다. 그렇다면 교회는 그러한 영성의 사람으로 만들어 가야 한다. 따라서 여기에는 경쟁의 논리나 사생(死生)적 결단의 윤리를 말하지 말아야 한다. 성경정신으로 돌아가야 하고 그 정신으로 살아야 한다. 선한 실패가 악한 성공보다 승하고, 물불을 가리지 않는 처세가 정직하게 살아가는 유약함을 앞서지 못함은 그 판단과 평가가 성경에 있기 때문이다. 우리는 너와 내가 모두 같이 사는 공생(共生)과 공영(共榮)의 질서와 윤리가 이 시대를 살아가는 모든 사람들의 세계관이 되고 가치관이 되었으면 한다. 교회는 그리스도께 연합된 공동체의 질서를 일깨우되 강단 메시지는 남을 압도하는 질서를 말하지 말아야 하고 우리가 함께 상생(相生)하는 이상(理想)을 말하고 "무한경쟁"이 아닌 "공생공영"(共生共榮)의 기독교적인 삶의 질서와 양식(樣式)을 말해야 한다.

바른 말 바로 쓰기

복의 선언(축도, 축복)의 끝맺음 말을 〈계실지어다〉로 쓸 수 없다

　　목회자들이 예배 구성요소 끝 순서인 〈복의 선언〉(축도) 끝맺음 말에서 "너희 무리와 함께 있을찌어다"라고 된 신약의 사도 축도(복의 선언)(고후13:13)의 표현형식을 "계실지어다"라고 표현하는 것은 적절하지 않다. 이 복의 선언(축도)에 대한 기독교의 통일된 표준양식을 갖지 못하고 교파마다 다르고 목회자 개인에 따라 다르게 선언되는 경향은 문제점으로 지적되고 있다. 분명한 원칙과 전형(典型)은 구약의 제사장적(아론의) 복의 선언(민6:24-26)이든 신약의 사도적(바울의) 복의 선언(고후13:13)이든 그 성경 본문대로 표준을 삼으면 될 것이다. 다만 우리말이 가지고 있는 특별한 존대법 때문에 구약의 제사장 아론의 축복과 신약의 사도 바울의 축복의 문형(文型)이 그 표현양식에 있어 복의 대상을 적시(摘示)하여 지칭할 때 회중을 "네", "네게", "너희", "너" 등과 〈있을찌어다〉의 하대어(下待語) 종결어미로 된 것을 기피할 양으로 〈복의 선언〉을 "원하노라", "축원하옵나이다", "계실찌어다", 심지어는 "예수님 이름으로 축원하옵나이다" 등으로까지 표현하는 예가 있다.

그렇다면 구약의 아론의 축도 경우 "여호와께서는 '네게'를 〈여러분에게〉로, 복을 주시고, '너를'을 〈여러 분을〉로, 지키시기를 원하며, …평강주시기를 "원하노라"를 〈원합니다〉로 하여 그 대상의 지칭형식을 공대어로 바꾸어도 본문의 뜻과 형식의 훼손이 전혀 없다. 그리고 신약의 경우(고후13:13)도 끝귀절의 "너희 무리와"를 〈여러분과 함께〉로 하고 "있을찌어다"를 〈있기를 원합니다〉로, 개역성경 본문을 따르면 될 것이다.

문제는 목회자들 중에는 "있을찌어다"를 "계실찌어다"로 표현하는데 있다. 신·구약의 복의 선언문에서 만복의 근원자는 삼위 하나님이시고 기원적 선언자는 제사장 아론과 사도바울, 그리고 오늘날 목사이며 복을 받을 자는 구약의 선민, 신약의 성도, 오늘날 교회 신자이다. 그런데 복의 내용이 구약에는 〈지켜주심〉과 〈얼굴 비치심〉과 〈은혜〉와 〈평강〉이며, 신약에는 〈은혜〉, 〈사랑〉, 〈교통〉이 복의 내용이다. 이 복이 회중에게 "계실" 일은 아니다. 하나님으로부터 발생할 복의 내용은 "있을 일"인 것이다. 복의 내용은 비신격이고 비인격적인 사물이기 때문에 의인화하여 공대적으로 표현하는 것은 부적절한 것이다. 그간에 성경을 새롭게 번역한 과정이 있었으나 한국교회가 공통적으로 성경대로 전형을 삼는 목회자는 드문 것 같다. 복의 선언은 반드시 성경대로 해야 한다. 지나친 복의 내용을 나열하는 형식이나 삼위 하나님의 각위(各位) 앞에 위적 속성과 사역적인 직무를 지나치게 수식하는 일은 옳지 않다. 모든 복은 은혜, 사랑, 교통 가운데 포함되어 있음을, 그리고 그 이상의 상위 개념의 복이 없기 때문에 수식적 종속어휘를 첨가하는 것은 무의미하다.

바른 말 바로 쓰기

「예배를 돕는 성가대」라는 기도말은 부적절하다

주일 공동예배 때 공중기도 인도자의 기도진행 국면 중 마지막 부분에 이르러 예배순서를 담당한 위원을 위한 기도 말 중에서 "예배를 돕는 성가대(찬양대) 위에 은혜를 베풀어주옵소서"라는 기도 말을 종종 듣게 되는데 이 말은 부적절한 표현이다. 예배 구성요소의 진행순서 하나 하나는 예배 신학적 관점에서 예배를 받으실(예배 중에 만나실) 하나님과 관계점에서 볼 때 모든 예배 요소(순서)는 독립된 의미를 담고 있어 어느 한 순서도 다른 순서를 돕기 위해 설정한 보조적인 예배 구성요소는 없는 것이다. 모든 순서는 예배를 구성하고 예배를 수행하는 그 자체로서 기능이 있어 하나님과 관계되는 것이고 영적 의미에 있어 순서 상호 간의 의존관계를 갖지 않고 예배 전체 안에서 예배적 독립 기능으로 그 예배를 완성시킨다. 전일에 논급했던 바와 같이 예배를 구성하는 요소는 두 가지 영역으로 이해하여야 한다. 예배는 하나님과 만남이며 교제로서 그 내용이 영광과 찬양이며 경배와 감사와 송축일 때, 그런 관계에서 첫째, 하나님 편에서 인간을 향하여 오시는 임재적 요소로서 전주, 예배에로의 부름, 사죄(赦罪)의 확인, 성경낭독, 성시(경)교독, 말씀선포, 성찬, 세상으로 파송, 복의 선언(축도), 후주 등은 객관적인 예배 요소이며 둘째, 인간 편에서 하나님을 향하여 응답하는 경배적 요소로서 송영, 묵상기도, 회중찬송, 신앙고백과 주기도, 공중기도, 회개, 찬양, 예물봉헌, 봉헌기도, 세상으로 나가는 다짐 등은 주관적인 요소로서 이 두 요소는 영교(靈交)적 관계에서 하나님은 임재하시고 인간은 응답하는 만남으로 예배는 성립되는 것이다.

이러한 관점에서 예배 현장에서 예배인도자, 설교자, 기도인도자, 예물봉헌위원, 찬양대(성가대), 등과 모든 회중은 예배 당사자로서 예배의 직무를 수행하는 인간 편의 예배를 완성해 가는 대신((對神)적 관계의 주체로서 예배를 하는 자이지 예배를 돕는 자는 아닌 것이다. 따라서 성가대(찬양대)는 찬양의 직무를 독특하게 행함으로 하나님께 응답하는 예배자인 것이다. 굳이 구분하여 예배를 돕는 자라고 하면 예배참석자를 수송한다거나 예배시간을 사전에 알리는 일, 예배 순서지를 배포하는 일 등 예배의 비 본질적인 요소인 상황과 분위기를 조절 정비하는 일련의 행위는 예배를 돕는 일일 수가 있다.

그러므로 모든 예배 순서를 담당한 당사자는 어떤 순서를 돕는 보조적인 직무가 아니라 병행적 협력 관계를 묵시적으로 유지하면서 담당 순서의 기능으로 예배 당사자가 되는 것이다. 이러한 뜻에서 교회는 예배와 기도와 교회의 도리를 성경적으로 조명하여 잘 교양할 필요가 있고 무엇보다도 지도자가 관행에서 벗어나 신앙과 교회용어의 착오된 사례들을 갱신하고 표준화하는 일에 노력을 할 필요가 있다고 본다.

바른 말 바로 쓰기

사순절(四旬節;Lent)의 뜻 바로 새기자

　지금 각 교회들은 〈사순절〉 기간으로 지키고 있다. 〈사순절〉 기간은 부활주일 전일부터 소급하여 40일간의 기간으로 산정한 것인데 속죄일로 명명된 재(灰)의 수요일(Ash Wednesday)을 첫째날로 시작된다. 금년의 경우 부활주일이 4월 11일(주일)이므로 소급 40일은 2월 26일(수요일)부터 4월 10일(토요일)까지인데 여기에 주일 6일간을 제외한 40일이 절기의 기간이다. 이 사순절(四旬節;Lent)의 개념은 교회사적으로 오랜 기간의 변천 과정을 거쳐 확정된 것인데 예수님의 40일간의 광야의 금식과 시험을 받던 수난을 기억하고 그 정신에 동참하기 위하여 제정된 것이 직접적인 배경이었고 모세의 시내산 40일간 금식과 엘리야의 40일간의 금식, 이스라엘 사람들의 40년간의 광야생활 등이 간접적인 배경이 되어 부활절 전에 행해지는 40일간의 금식과 기도하는 기간으로 일명 제기(齊期)라고도 하는 기간을 말한다. 〈유세비우스〉에 의하면 사순절은 3세기까지 부활절을 예비하기 위한 금식기간은 대체로 2-3일을 초과하지 않았으나 40일간을 가리키는 용어 〈테사라코스테〉라는 말의 최초 언급이 니케아 교회법(A.D 325 ; 교회법 5조)에 언급된 것에서 그 기간을 주목할 수 있는데 본래는 실제 금식기간을 6주로 하여 주일을 제외하고 36일이었으나 여기에 4일을 추가하여 40일(四旬)이 되었고 〈그레고리우스〉 교황 때부터 재(灰)의 수요일을 사순절의 시작일로 잡아 엄격히 지켜왔다.

그렇다면 〈사순절〉은 기독교개혁 이전의 가톨릭교회를 중심한 교회사적 절기로 볼 수 있는데 이 절기를 물리적인 답습(踏襲)으로 고행주의나 또는 금욕주의적인 발상에서 형식적인 재현을 위한 관점에서라면 하나님의 구속사와 예수 그리스도의 중보와 은혜언약의 통전성(通典性)에서 볼 때 옳지 않다. 사순절이 예수 그리스도의 고난을 되새겨 동참하며 경건한 신앙생활을 위한 것이라면 물리적으로, 상황적으로 지킬 것이 아니라 그리스도의 대속적 고난의 참 정신을 실천적 삶을 통하여 그리스도와 연합해야 하고 이웃과 공동체에서 그 정신을 구현해야 한다. 기독인들의 전 삶이 사순절의 참 정신을 실천하면서 살아가는 것이 옳을 것인 바 특별히 절기화하여 그 정신을 재확인하고 영성을 가다듬을 수 있는 계기를 가진다는 의미는 큰 것이다. 그러나 형식주의에 입각하여 날수의 채움이나 고난을 형상화하여 프로그램화에 중점을 두고 절기의 내재적 정신을 찾지 않으면 의미가 없는 것이다. 그리스도를 가해한 자를 원망 없이 용서하고, 인류의 사랑을 저버리지 않고, 고통을 참으시고 하나님의 뜻을 완성하신 십자가의 참 정신을 우리의 삶의 현장에서 내 이웃에게 실천하는 것이 주님의 고난에 참예하는 것이 아니겠는가? 사순절은 십자가 정신에 참예하고 실천하는 영성을 일깨우는 은혜의 기회가 되기를 요구하고 있는 것이다.

바른 말 바로 쓰기

교회의 절기 명칭 밑에 「절」(節)과 「날」(日)에 대하여

　교회력 상의 절기를 보면 대강절, 성탄절, 주현절, 사순절, 부활절, 등이 있고 성경상의 절기를 보면 유월절, 초막절(수장절), 오순절(성령강림절; 칠칠절; 맥추절), 부림절 등의 절기들이 있는데 이 절기들 명칭 밑에 접미사(接尾辭) 절(節)에 대한 바른 이해가 필요하다. 원칙적으로 이 절기에 대하여 두 가지 구분이 있다. 교회력 상에는 절기(節期)로 표현하고 있고 일반 문화적으로는 절기(節氣)로 표현하여 그 내용을 달리 하고 있다. 문화적 관점에서 보는 절기(節氣)는 태양년(太陽年)을 태양의 황경(黃經)에 따라 24등분하여 계절을 세분하여 시령(時令) 또는 절후(節侯)라고도 한다. 황경이란 태양이 춘분점을 기점으로 하여 지구에서 보았을 때 태양이 1년 동안 하늘을 한 바퀴 도는 길로서 황도(黃道)를 움직이는 각도이며 이 황경이 영도일 때를 춘분으로 하여 15도 간격으로 나누어 입춘으로 시작하여 대한(大寒)까지를 24절기의 날짜가 구분되는 24절후를 말하는데 이를 원용(援用)하여 명절이나

교회용어 바로 쓰기 87

국경일의 절기를 단오절, 중추절, 삼일절 등으로 쓰고 있다.

교회의 절기(節期)는 선민의 구속사에서 발생한 기념비적 사건인 성경적 명절로서 그 주된 의미는 기념과 경축(慶祝)의 의미를 담고 있다. 대체적으로 명절 명칭 밑에 절(節)을 붙여서 그 명절을 지칭할 때는 그 명절이 발생한 날이나 기념 또는 경축할 당일만을 적시(摘示)하는 것이 아니고 기념(경축) 당일을 중심한 그 전후 몇 일간을 경축기간 단위로 정하여 그 기간 전체를 일컫는 것을 절(節)의 개념으로 한다. 예컨데 구약의 무교절은 칠일 간의(출12:15, 레23:5-6) 무교병을 먹으면서 지켰고, 칠칠절은 칠주간을 절기의 기간으로 하였다(레23:15-16). 그리고 초막절(수장절)도 일주일 동안 계속되었고(레23:34) 사순절(四旬節)은 40일간이 절기 기간이다. 이렇게 절기 또는 〈00절〉이라고 지칭되는 것은 모두 다 기념이나 경축 기간의 일정한 단위를 정하여 행사가 시행되는 기간 전체를 지칭하는 말이다.

따라서 오늘날 교회가 쓰고 있는 교회 명절 명칭 사용에 있어서 몇 가지 예에서는 그 명칭 밑에 접미사 격인 절(節)과 일(날;日)을 구분하였으면 한다. 예를 들면 〈성탄절〉은 〈성탄일〉로, 〈부활절〉은 〈부활일〉로 지칭하는 것이 역사적인 실재성을 확증하는 말로 적절할 것이다. 오늘날 한국교회가 전술한 바와 같이 성탄일이나 부활주일의 전후 기간을 명절로 설정하여 지키는 일은 거의 없다. 그렇다면 경축 당일에 국한하여 절기일로 지키는데 굳이 절(節)이라는 명칭을 쓸 필요는 없는 것이다. 절(節)은 날의 단수 개념이 아니고 몇 날을 묶어 날의 단위를 이룬 복수의 개념이기에, 당일 하루만을 지키는 경축일을 절(節)을 붙여 쓸 필요는 없는 것이다. 습관에 젖고 관행에 젖은 말과 불합리한 말은 고쳐 쓰는 것이 신앙인의 바른 모습일 것이다.

바른 말 바로 쓰기

세족식(洗足式)은 예식적 재현보다 정신적 뜻 실천해야

한국교회가 교회력에 따라 대개 고난주간에 세족식을 갖는 교회들이 있는 것 같다. 물론 일반 성례식과 같이 보편화된 의식으로 고정된 것은 아니다. 세족(洗足)이 가진 정신적 가치는 높고 크지만 교회절기로서 의식론적 논리와 신학적 체계를 세우지 않으므로 개혁교회의 공식적인 예식은 아니나 교회에 따라서 간헐적(間歇的)으로 시행하는 경우, 요13:3-17을 근거로 하여 의식으로 재현(再現)하는 사례가 있는데 이는 이교적인 모방이라고 본다. 성경의 교훈을 사건의 외형을 표본으로 삼아 형상화하려는 지나친 문자주의는 문자계시의 외연성(外延性) 안에 내재한 사상적 내포성(內包性)을 오히려 소홀히 할 가능성이 있다. 예수님이 발을 씻기신 행적과 태도는 지위적 관계로 보아 하나님과 사람의 관계, 의인과 죄인의 관계, 스승과 제자의 관계인 종적관계에서 이루어진 일이기에 그 정신적 의미는 귀한 것이다.

고대 근동에서는 손님을 집으로 영접할 때 발을 씻어 준 일과(참고, 창18:4, 19:2, 24:32), 제사장들이 성소에 들어가기 위한 준비로 발을 씻은 것과(출30:19,21, 40:31) 초대교회에서 주님의 세족을 기념하고 겸손의 표시로 성도들의 발을 씻기는 일이(딤전5:10) 구교적 의식문화로 받아 들여 성목요일에 세족식을 행했다. 이 예식은 주후 694년 돌레도 제17차 교회 회의에서 인준되어 대성당과 수도원 교회에서 주로 행한 의식이던 것을 교황 파우스 12세의 서품전례서에 이 의식을 삽입하여 시행한 후 모든 교회들에게 지키도록 권장하였다. 그후 서방교회가 성목요일 밤에 행하던 것을 지금은 아무 날에도 시행하고 있다.

그러나 1517년 종교(기독교)개혁 당시의 이 세족례(洗足禮)는 본질적인 중심사상을 중시하여 예수님의 교훈은 지켜 실천하지만 형식과 의식으로서는 개혁교회에서는 사실상 사라진 것이다. 예수님이 제자들의 발을 씻기신 근본 목적은 온 인류에게 그의 완전하신 사랑과 고결하신 인격에 근거하여 겸손한 봉사와 낮아지심의 본을 보이고자 하였으며 인류구속의 중보자로서의 본성인 사랑과 겸손과 섬김과 인내를 나타내 보이실 뿐만 아니라 불결한 발을 씻기심으로 영적 정결의 높으신 기독교적 이상을 실현코자 하였고 역사적 교회의 질서와 신성적 가치를 그의 사역의 현장에 구현하고 남기시고자 하셨던 것이다. 따라서 오늘의 교회는 이러한 세족(洗足)의 사상적 실체를 이해함과 동시에 본질적 의미를 삶으로 발현(發顯)할 본분이 있게 된 것이다. "너희도 행하라"는 것은 이런 정신을 좇아 본을 삼으라(요13:15)는 것인 만큼 발을 씻는 정신으로 구원의 도리를 실천하여 죄를 씻는 일과 그리스도의 구속사역에 동참하고 생명운동에 세족의 정신을 삶의 정신자원으로 응용하여야 할 것이다.

그러므로 세족의 본질과 상관없는 의식을 도모할 것이 아니라 그 정신을 구현코자 한 개혁정신을 존중하여 형식과 외형주의를 버리고 내적 충만과 그 실천에 충실해야 할 것이다.

바른 말 바로 쓰기

대심방(大尋訪)은 〈전체심방〉 또는 〈정기심방〉으로

교회의 심방의 유형을 보면 〈대심방〉, 〈일반심방〉, 〈유고자 특별심방〉 등이 있는데 성경적인 근거와 심방이라는 말의 어원을 보면 구약에는 히브리어로 "보살피다"라는 의미를 가진 〈파카트〉로 표현하고 있고 70인역에는 이 〈파카트〉를 "감독하다"와 "보살피다"의 뜻을 가진 〈에피스켑토〉라고 번역되어 〈목양〉(잠27:23, 렘23:2)의 기능과 연결되어 있다. 이 말이 신약시대에 들어와서 헬라어로 "방문하다", "돌보다", "권고하다" 등의 뜻을 가진 〈에피스켑토스〉로 표현한 것이 바울사도가 에베소 장로들에게 "성령이 교회를 치게 하셨다"(행20:28)고 한 바와 관련이 있다고 본다. 이러한 심방의 의미는 "기독교적 구원의 목적 성취의 일환으로 특별한 개별적 상황에 처한 피 심방자를 찾아 신앙적 교제를 함으로써 그들을 도와주는 일"이라고 볼 수 있다. 이러한 의미를 담은 성경적 근거로는 창3:9, 4:9, 16:8-9, 21:1, 50:24, 출3:16, 마25:36, 요21:1-8, 슥11:15-17, 렘23:2, 시8:4, 106:4 등을 들 수 있는데 특히 신약 갈1:18에는 〈심방〉이라는 말을 정확하게 표현하고 있고, 현대 번역에서는 이 〈심방〉을 "지킴", "간호함", "돌봄"이라는 말로 표현하여 성경의 진정한 뜻을 파악하고 있다.

따라서 〈심방〉은 목회와 교인관리의 중요한 기능이 아닐 수 없으나 그 명칭에 있어서 〈대심방〉이라는 용어가 적절치 않다. 한국교회가 심방의 문화를 취하면서 그 시기를 설정할 때 여름은 너무 덥고 겨울은 너무 추워서 이 더위와 추위를 피하여 봄과 가을에 정기적으로 일정 기간 집중하여 교회의 전체 가정을 일제(一齊)히 심방하는 것을 〈대심방〉(大尋訪)이라고 한다. 아마도 심방의 범위와 규모 면에서 개별적 상황과 특성을 불문하고 일제히 큰 규모로 실시한다는 뜻에서 〈대(大)심방〉이라는 말을 쓰게 된 듯하다. 그러나 이 말은 적절하지 않다. 심방이라는 명사 앞에 접두어(接頭語) 〈대〉(大)를 붙인 것은 대상의 다수적 범위와 사물의 수량적 전체규모를 나타내기 위하여 〈심방〉과 합성조어(合成造語)한 것은 부적절하다. 대(大)자가 명사 앞에 접두사로 쓰이게 될 때는 〈큰〉, 〈대단한〉, 〈뛰어난〉 등의 적시(摘示)되는 사물의 상태나 수준을 나타내는 말로 볼 수 있는데 "모두"나 "전체" 또는 "일괄적인" 규모와 범위의 뜻을 나타내어야 할 〈심방〉이라는 말 앞에는 적절하지 않은 것이다. 연중 수시심방 외에 봄과 가을철을 정례화하여 일정기간 계속하는 심방이 〈대심방〉이라면 〈전체심방〉(전가정심방)이나 또는 〈정기심방〉 등으로 표현하여 개별적이나 수시적 특성에 따른 선별적 심방과 구분해야 옳을 것이다. 규모가 큰 심방을 대심방이라고 한다면 그렇지 않는 심방은 소(小)심방이라고 해야 하는가? 대심방은 〈정기심방〉이나 〈전체심방〉(전가정심방), 또는 〈일제심방〉 등으로 지칭하는 것이 심방의 뜻에 합치할 것이다.

바른 말 바로 쓰기

전도특공대, 전도폭발, 성령폭발 등의 격투적 표현 순화할 필요 있다

우리 교회들이 교회성장과 부흥을 위한 계획과 여기에 관련된 행사의 주제 설정이나 행동지침에서 〈전도특공대〉, 〈전도폭발〉, 〈성령폭발〉 등의 격투(激鬪)적인 용어로 표제어를 삼는 사례를 흔히 볼 수 있는데 이는 신앙적 교회용어로 적절하지 않다. 특공대(特攻隊)라는 말은 "특수한 임무나 기습공격을 하기 위하여 특별히 훈련된 부대"라는 뜻으로 쓰는 말인데 이는 "제2차 대전 때에 자살적인 공격을 감행하던 일본 항공부대"를 지칭하던 말에서 유래되어 그 이후에 우리의 언어문화 속에 자리잡은 말이다. 그리고 폭발(爆發)이라는 용어도 "불이 일어나며 갑작스럽게 터져 급속히 일어나는 화학반응으로 많은 가스와 열량이 생기고 급격히 부피가 커지며 화염 및 파열작용을 일으키는 현상"을 뜻하는 말로서 이 두 용어는 성결과 신성적 삶을 추구하는 교회의 언어로는 적합하지 않다. 물론 전도의 경우, 불신자가 복음을 믿어 신자되게 한다는 과정이 쉽지 않고 마치 적을 공격하는 자세와 같은 용기와 담력을 가지고 저돌적으로 구원의 도리를 상대에게 파고들어 적극적으로 전하자는 전업(專業)적인 전도와 전도자로 현시(顯示)하자는 말로 이해할 수는 있다. 또한 〈전도폭발〉이라는 용어도 그 전도의 결실과 효과를 극대화하자는 성취 기대와 또한 전도의 열광적인 참여와 결과적인 상황이 극(劇)적임을 나타내고 전도훈련을 통한 전도자의 정예(精銳)화를 뜻하는 말로 이해할 수는 있다. 그러나 이는 전쟁과 군사적 용어의 유형으로 분류되는 말이고 격렬한 전쟁참화를 연상케 하며 파괴적 인상을 떠올리게 하는 말로서 신성한 교회문화를 창조하는 기독교 내적 언어로서는 부적합하여 여과(濾過)되어야 할 말이다.

그리고 〈성령폭발〉이라는 말 역시 성령과 폭발이 합성(合成)될 말이 못된다. 성령님이 무슨 폭발물인 양, 하나님의 본체로서 성령님의 본성이 오해될 표현은 절제되어야 한다. 물론 성령님은 전능자로서 폭발적 상황 이상의 권능을 나타내실 하나님이시기에 구속사에서 신앙적인 행사와 예배에서 초 이성적 역사와 뜨거운 임재의 충만성을 격정적으로 나타내고자 하는 표현으로 이해할 수는 있다. 그러나 거룩하신 속성과 인격을 가지신 성령님의 내적 조명으로 정밀(靜謐)한 변화를 이루시는 하나님으로 이해하는 일도 매우 중요한 것이다.

따라서 전도특공대는 〈전도대〉로, 전도폭발은 〈전도결실〉 또는 〈전도실천〉 등으로 갱신하고 성령폭발은 〈성령님 충만〉이나 〈성령님 임재〉 또는 〈성령님 능력〉으로 바꾸어 표현하는 것이 교회의 신성유지와 격조 있는 교회용어 보존에 도움을 줄 수 있을 것으로 판단된다. 거친 어투는 곱고 아름답게 순화된 신앙정서를 해칠 위험이 있음을 유념해야한다.

바른 말 바로 쓰기

「어린이 주일」은 「어린이 날 주일」로, 「어버이 주일」은 「어버이 날 주일」로

　5월 5일은 어린이 날이고 5월 8일은 어버이 날인데 이 날들을 교회력에서는 〈어린이 주일〉과 〈어버이 주일〉로 각각 지정하여 기념하고 있다. 이 어린이 날은 어린이 인격을 소중히 여기고 어린이의 행복을 꾀한다는 취지로 제정한 날인데 교회력에서는 문화와 윤리적 정신과 함께 예수님의 어린이를 대하던 정신을 바탕으로 예수 그리스도의 인격을 닮게 하고 교회에 제2세의 인적 자원을 기독교정신으로 바르게 양육하여 훌륭한 신앙인과 천국 시민이 되게 하자는 이념을 곁들여 어린이 주일을 지키고 있다.

　그리고 어버이 날은 어버이를 존중하고 그의 은혜를 되새기며 효친(孝親)사상을 고양하자는 뜻으로 지정하였는데 교회력에서도 역시 그 이념과 함께 기독교의 성경적인 부모공경 정신으로 하나님과 부모를 공경하여 그리스도인의 가정에 화평을 도모하는 취지로 어린이 날과 어버이 날이 들어 있는 주간 요일과 가까운 주일을 어버이 주일로 정하여 지키고 있다.

그런데 이 두 기념주일을 신학적으로 검증할 필요가 있다. 〈어린이 날〉과 〈어버이 날〉을 주일에 편성하여 〈어린이 주일〉과 〈어버이 주일〉로 지칭하고 지키는 것은 재고하여야 한다. 주일이 갖고 있는 신학적인 고유성에 문화와 윤리적인 주제를 주일의 뜻에 혼합하여 사용하는 것은 적절하지 않다. 주일은 주님의 날로서 예배와 안식의 두 기능을 가지고 신앙과 종합적인 영적 행위를 통하여 하나님과 영교(靈交)하며 오직 하나님께만 영광 돌리고 영원한 안식을 예표적으로 체험하며 구속사적 언약을 믿음으로 성수하는 주님께 속한 날이다. 이 주일을 어린이 존중의 주제와 어버이 공경의 주제를 구현하는 기념의 날로 지정한 주일명칭은 어린이와 어버이가 주일의 주체가 되는 의미를 지니므로 바로 잡아야 한다. 주일은 주님이 주인된 주님의 주일이지 어린이나 어버이의 주일이 될 수는 없다. 그러므로 〈어린이 주일〉은 〈어린이 날 주일〉로, 〈어버이 주일〉은 〈어버이 날 주일〉로 〈날〉의 음절을 첨가하여 그 주일이 존재하는 시간적 배경으로 설정하고 지칭해야 될 것이다.

주일은 근본적으로 하나님만을 송축하는 영적 행위일이기 때문이다. 주일을 어린이 날과 어버이 날을 문화적인 시간배경으로 하여 〈어린이 날 주일〉, 〈어버이 날 주일〉로 지칭하면 주일의 고유한 주제를 훼손하지 않고 어린이날과 어버이날의 뜻을 예배에 반영하여 기독교적 정신으로 승화할 수 있는 것이다. 그리고 〈어린이 주일〉과 〈어버이 주일〉의 지칭은 어린이와 어버이가 그 주일의 주인이 되는 것이므로 〈어린이 날〉과 〈어버이 날〉이 〈주님의 날〉의 배경으로 구성하여 지칭함으로 주일과 기념일의 본 뜻을 함께 구현하는 신본주의적인 교회력상의 기념일이 되도록 제안하는 바이다.

성경본문에 음운(音韻)첨가와 유추(類推)하는 말 옳지 않다(I)

일부 성도와 목회자들이 성경적인 화제나 설교 말씀 중에 특정한 사건과 관련된 내용을 인용할 때 해당본문에 표현된 어휘와 비슷한 성격을 가진 다른 사실을 미루어 어림으로 헤아려 기본 어휘에 어떤 음운(음절)의 첨가나 유추(類推)하여 본래의 말과 뜻이 비슷하게 변형하여 표현하는 사례가 있는데 이는 문자계시의 역사성(사실성)에 대한 그릇된 심상(心象;image)과 오해된 뜻을 심어줄 위험이 있으므로 삼가야 한다. 예컨데 성경본문에 〈구유〉(눅2:7)를 〈말구유〉로, 〈베데스다 못〉(요5:2,4,7)을 〈베데스다 연못〉으로, 음절의 첨가나 상황을 추정(推定)하여 표현하는 것은 적절하지 못한 것이다.

「구유」를 「말구유」로 지칭하는 사례

성경에는 〈구유〉로 기록되어(눅2:7) 있다. 이 구유는 "마소의 먹이를 담아주는 통으로 된 큰 그릇" 또는 "말과 소의 여물통"을 말한다. 그렇다면 말구유도 되고 소구유도 되는 셈이다. 그런데 이 기록은 구체적이고 실제적인 시공의 배경과 현장성을 가진 사실적 상황을 표현한 것이다. 오늘에 와서 볼 때 당시에서는 말(馬)의 여물통이든, 소(牛)의 여물통이든 그 사용주체에 뜻이 있는 것이 아니라 그 용도와 관련한 정황적인 조건이 의미의 핵심인 것이다. 그렇다면 마소(馬牛) 중 어느 편이 사용주체이든 그것은 큰 의미가 없는 것인데 굳이 〈말〉이라는 음절을 첨가하여 〈말구유〉라고 하는 것은 본문 인용에 있어 하나님의 명령을 가감(加減)하지 말아야 할(신4:2, 12:32) 원칙을 훼손하는 것이 된다. 말과 소 중의 어느 것이 쓰던 것이든 그것은 비천(卑賤)스럽고 누추한 곳에 존귀하신 성자 하나님께서 격이 없이 탄생하신 비하(卑下)의 불가피한 환경으로 설정된 동물의 용기(用器)인 〈구유〉로만 지칭하는 것이 옳은 것이다.

「베데스다 못」을 「베데스다 연못」으로 지칭하는 사례

성경본문은 〈자비의 집〉이라는 뜻을 가진 "베데스다라 하는 못"(요5:2, 4, 7)이라고 기록하고 있다. 이 〈베데스다〉는 못의 이름이다. 이 〈못〉을 〈연못〉으로 지칭하는 것은 오류이다. 연못에 연(蓮)은 수련과(睡蓮科)에 속하는 다년초로서 연못이나 논밭에 재배하기도 하는 물위에 뜨는 희거나 붉은 꽃이 피는 식물로서 당시 베데스다 못과는 전혀 상관성이 없는 것이다. 성경의 역사성에 관한 현장을 사실적으로 떠올릴 때 물이 이따금씩 동(動)하는 간헐천(間歇泉)인 〈베데스다〉는 연꽃과는 관계없는 전설이 얽힌 소규모의 못(pool)이다. 여기에 〈연〉이라는 음절을 첨가하여 〈연못〉으로 지칭하므로 연꽃의 연상과 연못을 떠올려 성경의 순전한 사실적 배경에 얽힌 교훈과 무관한 다른 정황으로 오해케 한다면 이 또한 성경을 왜곡하는 것이므로 마땅히 삼가야 할 것이다. 성경을 때때로 유기적인 해석을 하되 문자를 중시해야 한다.

성경본문에 음운(音韻)첨가와 유추(類推)하는 말 옳지 않다(II)

전회(113회)와 같은 주제 밑에서 음운(音韻)첨가와 유추(類推)하여 잘못 지칭되고 있는 성경본문에 대하여 또 다른 사례를 들어 지적하고자 한다. 예컨데 〈큰 물고기 뱃속〉(욘1:7, 2:1, 마12:40)을 〈고래고기 뱃속〉으로, 〈팥죽〉(25:34)을 〈붉은 팥죽〉으로 본문 원형에 음절을 첨가하거나 유추하여 성경본문을 인용하거나 지칭하는 것은 영감된 문자계시의 신적 권위를 훼손하는 것일 뿐만 아니라 성경의 본 뜻을 왜곡하는 이중적 우(愚)를 범하게 된다.

「큰 물고기 뱃속」을 「고래고기 뱃속」으로 지칭하는 사례

전술한 욘1:7, 2:1, 마12:40의 기록은 요나 선지가 〈니느웨〉 성읍을 회개케 하라는 하나님의 명령을 받고 그 뜻을 거역하여 다시스행 배를 타고 도망하던 중에 배가 풍랑을 만나자 그 풍랑의 원인이 요나 선지의 죄로 인한 것으로 지목되어 바다에 던짐을 받았다. 요나는 하나님이 미리 준비하신 〈큰 물고기〉 뱃속으로 삼킴을 당하여 밤낮 사흘을 지나다가 살아나올 수 있게 됐다는 기록 속에 나오는 말이다. 이 말을 우리의 경험 체계에서 이해된 내용으로 바다에 큰 물고기는 의당 고래고기라는 것으로 대체하여 표현하는 것은 잘못이다. 요나를 삼킬 수 있는 합리적 조건은 〈큰 물고기〉라는 그 크기에 의미가 있는 것이다. 굳이 고래고기라는 특정한 어종(魚種)을 대입시켜 큰 고기를 〈고래〉로 떠올리게 하는 것은 지나친 유추(類推)요 추정(推定)이 아닐 수 없다. "큰 것은 고래요, 고래는 큰 것이라"는 등식으로 성경본문을 변형하지 말아야 한다. 성경의 〈큰 물고기〉는 큰 물고기 자체일 뿐이다.

「팥죽」을 「붉은 팥죽」으로 지칭하는 사례

팥죽(창25:34)에 대한 영어성경(NIV)에는 〈납작한 콩과류(편두(扁豆)로 물큰하게 끓인 죽)(Lentil Stew)이라는 뜻을 담은 말로 표현하고 있고, 우리의 이해는 〈팥을 삶아 으깨어 거른 물에 쌀을 넣어 쑨 죽〉이라고 한다. 우리 음식문화 관점에서 팥죽이라면 붉은 팥으로 죽을 쑤기 때문에 색깔이 붉어서 팥죽은 의당히 붉은 것으로 전제하여 〈붉은 팥죽〉이라고 표현하는 듯 한데 이것은 비록 교리를 훼손하지 않는다 하더라도 성경에 또 다른 음운을 첨가하는 착오를 범하게 되는 것이다. 〈야곱〉이 떡과 팥죽을 형 〈에서〉에게 제공한 음식 그 자체는 사실을 적시한 것이고 〈붉은〉이라는 죽의 색깔이 별 상징성을 갖고 있지 않기 때문에 〈붉은 팥죽〉이라는 표현은 성경을 편향적으로 가감(加減)하는 것이 되므로 삼가야 한다.

　성경을 신앙과 생활의 표준을 삼고 살아가는 복음주의 교회는 본문을 말할 때는 원형 그대로 인용해야 하고 교훈을 응용할 때는 본문이 가진 뜻을 왜곡하지 말아야 한다. 사이비 이단들은 성경을 인용하여 그 본문과 교훈에 지배를 받지 않고 본문을 이용하여 자신들이 정한 의도와 주제에 맞게 성경을 인간주의에 맞추려고 한다. 참 신앙은 성경의 표준 아래서만 참 의미를 지니게 된다.

「성령축제」란 말 문제 있다

　기독교회들의 상당수가 성령님을 주제로 어떤 기념행사나 강연회 또는 세미나, 수련회 등을 개최하면서 그 행사의 명칭이나 주제를 표방(標榜)할 때 〈성령축제〉라는 표제어를 내건 사례를 흔히 볼 수 있는데 이는 몇 가지 점에서 적절하지 않다. 첫째, 성령님이라는 말과 축제라는 비 성경적인 용어와 의미상 문맥을 구성할 수 없다. 성경에도 〈축하〉라는 말은 있어도(시49:18) 축제라는 말의 근거는 없다. 둘째, 성령축제라는 말이 지나치게 축약되어 뜻을 다의(多義)적으로 추측하게 된다. 셋째, 〈성령님〉이라고 해야될 칭호를 존칭접미사 〈님〉자를 생략한 채 만인 앞에 괘용(掛用)하는 것은 지존하신 삼위일체 하나님에 대한 불경이 된다. 불교도들은 부처에게 〈부처님〉으로 지칭하고 그의 생일을 〈오신 날〉이라고 하지 않는가? 넷째, 원리적인 학술집회 또는 영적 행사를 축제라는 명칭을 써서 여흥(餘興)적인 인상을 나타내고자 한 점, 다섯째, 성령님을 마치 연예(演藝)적 행사에 주인공인 양 섬김이나 추구의 대상이 아닌 용역(用役)의 대상으로 상대화하는 표현은 삼가야 할 점, 여섯째, 〈축제〉라는 말 자체가 무속(巫俗)적이고 이교적이며 미신적인 유래와 의미를 지닌 말이므로 교회적인 행사 표제어로 도입될 수 없는 점 등이다. 그리고 이 〈축제〉는 "개인 또는 공동체에 특별한 의미가 있거나 결속을 다짐하는 사건이나 시기를 기념하여 예술적 요소가 포함된 의식적 행사 혹은 제의(祭儀)를 수행하는 사회적 현상이나 행동으로서 고통과 억압 등을 벗어나기 위한 희구(希求)나 또한 벗어난 것에 환희를 표현하는 집단적인 행동문화"로 볼 수 있는데 특히 잉카의 〈태양축제〉, 볼리비아의 〈오르로〉, 유럽이나 브라질의 〈카니발〉(사육제), 고대 로마인들의 〈농신제〉 등은 축제의 좋은 예로서 다분히 이교적이고 민속적이다.

이러한 축제라는 말을 교회적인 기념경축 행사에 인용하는 사례는 시정되어야 한다. 대개 〈성령축제〉의 그 내용을 보면 성령님을 주제로 한 행사인데 제의적이고 유흥적인 행사인양으로 표현한 〈성령축제〉는 다분히 무속적이고 민속적인 인상이 짙다. 성령님을 주제로 하고 경축을 뜻한다면 〈성령님 주제 행사〉, 〈성령님 주제 잔치〉, 〈성령님 주제 강연회〉 등으로 표현하면 될 것이고 경사(慶事)이라면 〈축제〉가 아닌 〈경축〉이라는 말을 쓰면 될 것이다. 기독인의 환희의 표현은 희락의 은총을 토대로 축제의 정서와는 다른 기쁨을 표현하는 것이다. 축제가 한 민족의 신앙적 사상을 담고 인간의 궁극적인 생존욕구를 해소하자는 종교성을 가진다고 하더라도 구약의 구속사적 제의제도와는 다른 것이다. 그런고로 성령님 임재의 기원이나 성령님을 주제로 한 교회 행사에 무속적인 용어인 축제라는 말 도입과 성령님과 합성(合成)하여 쓰지 않기를 제안하는 바이다.

바른 말 바로 쓰기

성경본문을 소개할 때 유념할 말

　혼히 목회자들의 설교 중에 성경본문의 인용이나 해석할 때 "우리 한글 성경은 잘못된 번역"이 많다든지 혹은 "오역(誤譯)으로 인해서 그 뜻이 다르게 해석된다"라는 등의 표현으로 번역상의 오류를 지적하는 사례는 삼가야 한다. 물론 성경본문은 원문을 우리 어문체계로 옮길 때 본래의 뜻에 적중한 해석이 안되는 번역이 있는 것은 사실이다. 그러나 성경의 무오(無誤)와 절대 권위를 인정하고 믿는 회중에게 틀린 것이 있다는 지적은 비록 번역상의 문제라 하더라도 성경말씀이 곧 하나님의 말씀이라는 문자계시의 신적 권위를 절대 신뢰하고 본문 한 구절들을 신앙과 삶의 표준을 삼는 성경관을 가진 성도들의 영성 안에 내재한 신(神)의 개념이 훼손될 우려와 진리에 대한 인식에 혼란을 줄 우려가 없지 않다. 신학 강단이나 학문현장에서는 번역상의 정·오(正誤)에 대한 논의와 비평이 필요하겠지만 교회의 회중에게 오류(誤謬)를 표현하는 것은 신중하여야 한다. 반드시 바로 잡아야 할 필요가 있는 대목이라면 해당 부분을 "이러한 말이 더 가까운 뜻이라" 거나 타 언어 성경의 말씀과 비교하여 이런 차이점이 있다는 정도의 해석상의 완곡(婉曲)한 지적이면 몰라도 영문(英文) 성경에는 이러한데 한글 성경은 잘못된 양으로 비하(卑下)하는 표현이나 외국어 성경에 비하여 상대적으로 열등한 수준의 성경인 양으로 낮잡아 평하는 인상을 주는 표현은 옳지 않다.

복음을 받은 지 120여 년의 역사를 지나오면서 선교 초기부터 성경번역은 시작되었기 때문에 선교역사 만큼의 번역사를 가지고 있다. 1882년부터 첫 번역이 시작된 이래 많은 번역의 과정을 걸어왔고 오늘까지 이 번역의 문제는 논의되고 작금에는 쟁점의 대상이 되고 있다. 한 마디로 성경의 다원화(多元化)시대가 되는 양 싶다. 이를테면 〈개역 개정판〉, 〈표준 새 번역〉, 〈개정판〉, 〈새 번역 성경〉, 〈개역 한글판〉 등의 다양한 성경 번역이 나오는데 그 이상(理想)과 목적이 성경원문에 더 충실하자는 것에는 동의하지만 통일된 번역이 되지 않아서 제각기 예배용으로 선택을 할 때 그 혼란도 적지 않다. 마치 1970년대에 교단마다 찬송이 달라서 〈합동찬송가 0장〉, 〈개편찬송가 0장〉, 〈새 찬송가 0장〉 등의 각각 다른 장을 동시에 안내해야될 필요가 있었던 때를 떠올려 보면 쉬 짐작이 갈 수 있을 것이다. 찬송이 다르면 교회일치를 꾀할 수가 없고 성경의 다원화는 신앙의 통일은 물론 성경을 문자적으로 계승되는 성경 전승사(傳承史)의 전통이 무너져 나중에는 어느 것이 옳고 그른지를 판단할 기준마저 없어질 위험이 없지 않을 것이다. 따라서 주님 재림 때까지 읽을 통일된 번역성경이 있어야 할 것이고 목회자들이 회중 앞에서 성경의 오류 여부를 말하여 그 권위를 실추시키는 일 또한 없어야 할 것이다.

바른 말 바로 쓰기

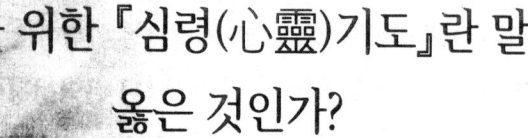
남을 위한 『심령(心靈)기도』란 말 옳은 것인가?

    교회에서 방언은사를 받은 남녀 교역자들 중에서 남을 위해 기도할 때 〈심령기도〉라는 이름으로 방언기도를 하는 사례가 있는데 이 〈심령기도〉라는 말이 옳은 것인가? 성경에 남을 위한 기도를 도고(禱告;Prayer to God for Neighbours)(딤전2:1)라고 한다. "이웃의 처지를 하나님께 탄원(歎願)하는 중재기도"로서 기도자는 구하는 내용에 대한 구체적인 인식을 가지고 인격적인 하나님과의 실제적 언어로 접촉하는 신앙의 참다운 행위인데 기도의 응답을 받을 자와 같이한 자리에서 그의 합심과 화답없는 방언기도가 올바른 기도의 방법인가?

    심령(心靈;Spirit, Soul)(왕하5:26, 마5:3)이라는 말은 영혼과 같은 말로서 『마음이나 정신작용을 하는 전인(全人)의 근원적인 존재로서 육체와는 구분되는 마음의 주체이며 욕망과 감정을 포함한 인간의 내적 생명을 의미하는 마음속의 영혼』을 말한다. 그렇다면 〈심령기도〉는 〈영혼기도〉와 같은 말일 것이고 곧 방언으로 기도하는 것을 의미하는 것이다. 성경에는 두 성향의 방언이 있는데 행2:4-11에 방언은 국적이 다른 사람들이 자기들 나라 말로 알아들은 문화적인 언어(방언)로서 복음전도의 구령(救靈)의 메시지가 내용이었으며 전도의 열매를 가져왔고 다른 하나는 고린도 교인의 방언(고전12:10, 28, 13:1, 14:2 등)으로서 이는 덕을 세우지 못하여 오히려 문제만 일으켰음을 지적하였다. "불신자와 무식한 자들이 미쳤다고 하지 않겠느냐?"(고전14:23) 또는 "방언(영)으로 축복하면 네 감사에 어찌 아멘하리요"(고전14:16)라고 지적하고 있다. 이렇게 방언은 성령님의 은사로써(고전12:28) 그 사용방법에 따라 유·무익(有無益)함을 보여주고 있다. 예언은 교회에 덕을, 방언은 자기의 유익을 위한 은사로서(고전14:4) 하나님께 영(靈)으로 비밀을 말하는 것이라고(고전14:2) 했다.

그렇다면 남이 알아듣지 못하는 비밀한 언어의 기도를 남과 같이 동석한 자리에서 그를 위해 기도할 때 그의 화답(和答)과 아멘을 유발할 수 없이 중재하여 탄원하는 기도는 그 방법이 부적절한 것이다. 따라서 방언으로 심령기도를 한다는 것은 은사와 영적인 자기 과시(誇示)요 같은 은사가 없는 사람 앞에 교만이며 신앙의 압도이다. 분명히 방언은 덕을 위하여 통역을 세우고, 통역하기를 기도하라고(고전14:5, 12, 13, 26) 교훈하고 있다. 방언의 핵심은 타인은 알 수 없고 주님과 기도자 자신의 영혼만이 알 수 있는 언어이므로 자기자신의 신앙적 성찰과 회개과정에 도움이 되는 종교적 체험인 성령님의 은사이기에 자기 개인의 유익에 한정하고 교회에는 언제나 덕이 되도록 해야 한다. 동석(同席)한 자를 위한 기도는 같이 이해되는 가장 실제적인 언어로 기도하고 기도내용에 아멘으로 화답할 수 있어야 교회의 속성에 부합한 기도행위라고 할 수 있다. 성경에는 〈심령기도〉라는 말이 없다.

바른 말 바로 쓰기

성경본문 인용은 문맥을 변형하지 말아야

목회자들의 설교에 성경본문을 인용(引用)할 때 본문에 매김한 장(章)과 절(節)을 적시(摘示)하여 도입하는 경우 그 본문의 문구(文句)나 용어를 틀리게 인용하는 것은 삼가야 한다. "하나님이 그렇게 말씀하셨다"고 본문의 소재(所在)를 밝혀 말할 때는 반드시 원형대로 제시되어야 한다. 그렇지 않으면 성경본문을 〈인용〉한다기보다는 〈이용〉(利用)하는 것이 되고 청중이 본문내용의 차이점을 불신하게 된다. 성경본문의 인용은 글이나 말에서 근거와 표준을 삼고자 하고 그 말씀에 통제와 지배를 받겠다는 묵시적 의미를 띠는 것이다. 그래서 인용은 수사학에서 인유법(引喩法)인데 인용의 내용을 밝게 들어 내 보이는 〈명인법〉(明引法)과 은근히 암시하는 〈암인법〉(暗引法)을 써서 표현코자 하는 내용의 전거(典據)를 삼고자 하는 것이다. 그러나 성구를 이용(利用)하는 경우는 인용성구를 표준으로 삼지 않고 자신의 임의(任意)적 주의주장에 봉합(縫合)하여 전제된 주제를 합리화하는 소재로 삼고자 하여 성경을 재량(裁量)하는 처사가 된다. 이런 경우는 이단사설을 주장하는 사람들의 성경본문을 이용하는 방법이다. 성경의 본문이라고 할 때, 그 책의 서문과 발문(跋文), 본문에 대한 주석(註釋) 등의 사람이 한 말에 대하여 영감된 하나님의 말씀에 장과 절을 매김한 순수한 하나님의 본디의 말씀이 본문이므로 이 본문을 이용하거나 틀리게 인용하는 일은 옳지 않다.

신약의 제자들은 구약본문을 인용할 때 한 음절도 가감 없이 본문 그대로 인용했다. 예컨데 예수님이 장차 올 사건들을 인용 묘사 한(마12:3-6, 40-42, 13:13-14, 막7:6-7) 것이나 "선지자로 하신 말씀을 이루려 함이니라"는 마태의 구약인용(마1:22-23, 2:5-6, 15, 17-18, 23) 등에서 볼 수 있다. 신약의 구약인용 목적은 "예수님 오심으로 모든 것의 성취와 구약이 바라보던 마지막 날들이 이미 이르렀고 그의 백성을 찾아오셨다"는 사실을 확신시키는데 있다고 보는 것이기 때문에 본디의 말과 당연히 다를 수가 없다.

그리고 성경을 인용할 때 〈성경적〉, 〈성서적〉이라는 말을 쓰는데 여기에 〈-적;的〉이라는 음절이 뜻하는 바는 〈한자어〉 명사 밑에 붙어서 그 명사가 뜻하는 상태로 된 것이라든지 그 명사가 가진 성질을 띤 것이라는 말로 사용하는 접미사인데 명사 그 자체는 아니고 그 명사와 동일한 성질을 가진 사물을 나타내는 문법적 작용을 하는 말이다. 그러니 〈성경적〉이라고 하면 성경 자체는 아니고 성경과 같은 성질을 가진 표준이라는 뜻이 된다. 그러므로 성경본문의 인용은 유사한 문맥이 아닌 본문의 원형 그 자체이어야 한다. 따라서 성경과 같은 수준의 뜻을 표준삼아 표현할 때는 〈성경적〉으로 라고 하고, 본문 자체를 인용할 때는 〈성경으로는〉, 〈성경에는〉 등으로 본문의 원형을 나타내는 표현을 해야 할 것이다.

선민(選民)(히브리 민족, 유대인, 이스라엘 백성) 지칭의 구분(I)

(1) <히브리 민족>이라고 선민을 지칭할 경우

목회자들이 설교 중에 설교 주제와 관련하여 하나님의 선민(選民)을 지칭할 때 〈히브리민족〉, 〈유대인〉, 〈이스라엘 백성〉 등으로 표현하는 경우가 있는데 이 세 가지 지칭에 대하여 듣는 교인들은 구분하여 이해하지 못한다는 말을 종종 듣는다. 세 지칭의 대상이 혹 각각 다른 종족 또는 다른 국민을 말하는 것인지, 표본(標本)적인 선민이 단일하지 않고 복수 민족을 말하는 것인지, 정확한 구분이 되지 않아서 혼돈(混沌)스럽다는 의견일 것이다. 선민의 민족사적인 배경과 그렇게 지칭하게 된 종교 사회 문화적 경위(經緯)와 과정을 이해할 기회를 갖지 못한 교인의 입장에서는 표본선민이 마치 다민족(多民族)적인 것으로 오해될 수도 있다고 여겨진다. 따라서 교회는 이러한 점을 성경공부나 강해 설교를 통해서 세 가지를 각각 다르게 지칭하게 되는 배경과 경우를 의도적으로 설명할 필요가 있고 또한 설교 시에도 그와 같은 지칭이 설교주제에 따라 표현이 될 때 간략히 부연주석(敷衍註釋)하여 청중들의 설교교훈에 교감밀도를 높일 수 있게 할 필요가 있다고 판단된다.

이 세 명칭 중 먼저 〈히브리 민족〉이라는 지칭과 관련하여 운위(云謂)할 때, 이 지칭에서 유념할 것은 〈히브리 민족〉은 고대 〈이스라엘〉의 기원적인 민족으로서 주전 2000년 무렵 고대 오리엔트 지역 일대에 분포해 살던 종족인데 보이지 않는 신을 믿고 단결하여 가나안 땅 불모지에 정착하여 살았고 모세의 율법에서 보면 여호와에 대한 신앙으로 결합한 종교, 문화적으로 융합 동화되어 동일 민족을 형성하게 된 인종과 민족적 개념으로 분류되는 지칭이다. 한 때는 유대인을 하시(下視)하는 외국인들의 편견에서 지칭된 이스라엘의 별칭이기도 하였으나 넓은 의미의 이 〈히브리〉는 이스라엘과 유대와 같은 뜻으로 사용되기도 한 명칭이다. 이를 개요(槪要)적으로 말해서 하나님의 부름을 받아 〈메소포타미아〉에서 유브라데스 강을 건너와 가나안에 정착한 아브라함으로부터 시작하여(창14:13, 39:14,17, 출1:19) 그의 후손들을 부르게 된 명칭이며(창40:15, 출2:7) 신약에서의 히브리인은 팔레스타인에 살던 유대인들과 각 곳에 흩어져 있던 유대인들을 모두 지칭하는 것이기도 하다.

그런고로 히브리인과 관련한 성경의 구속사적 교훈을 찾을 때는 아브라함을 중심한 그의 후손들과 히브리 민족의 족장 계보에서 야곱 이전까지의 계시사적 범위를 한정하여 말하고 순전히 유대풍속을 좇는 유대인의 종교적, 혈통적 민족개념의 그 뿌리를 말할 때 지칭하며 따라서 후일 〈유다〉와 〈이스라엘〉은 국호(國號)로 사용되었으나 〈히브리〉는 그렇지 않았음을 유념할 필요가 있다. 유대인과 이스라엘 백성의 칭호는 차회(次回)에 논급코자 한다.

바른 말 바로 쓰기

선민(選民)(히브리 민족, 유대인, 이스라엘 백성) 지칭의 구분(II)

(2) <유대인>이라고 선민을 지칭할 경우

전회에서 말한 바와 같이 목회자의 설교 중에 선민을 지칭할 때 〈히브리 민족〉, 〈유대인〉, 〈이스라엘 백성〉 등의 칭호에 대해서 일반 교인들의 이해에 몇 가지 혼돈이 있다는 의견을 종종 듣는데 첫째, 성경을 읽을 때나 설교 때에 표현되는 세 가지 지칭이 각각 다른 혈통적 종족을 말하는 것인지, 둘째, 표본(標本)적 선민이 복수적인 것인지, 셋째, 세 지칭 대상의 종교적 역할의 차이점을 비교하자는 것인지, 이에 대하여 명확하게 이해하지 못하는 교인의 입장을 헤아릴 수 있다. 그래서 전회에 〈히브리 민족〉 지칭을 말한대 이어 두 번째로 말하고자 하는 바 〈유대인〉(갈2:14-15)이라고 지칭하여 운위(云謂)하는 경우, 이 〈유대인〉은 구약성경에 따르면 본래 메소포타미아의 성읍인 〈갈대아 우르〉에서 온 이주자들이 〈아브라함〉의 인솔로 가나안에 들어가 정착한 이후 그의 자손 야곱의 일족은 다시 이집트로 이주하여 민족을 형성하였으나

〈파라오〉의 심한 압제를 받았다. 이들이 주전 1230년 무렵 〈모세〉의 인솔 아래 출애굽하여 가나안으로 돌아오는 도중 시내산에서 십계를 받으므로 신과의 언약을 맺고 열 두 부족이 종교적 공동체를 이루어 가나안에 들어갔다. 그 후 야곱의 열 두 지파에게 토지를 분배할 때 〈유다〉 지파에게 준 지방을 〈유다〉로 칭하여 왕국을 건설하게 되고 후일 〈이스라엘 민족〉으로 성립되는 계기가 되었다. 그리고 이 유대인이라는 명칭은 야곱과 레아의 아들 이름인 〈유다〉의 이름을 딴 지파에서 형성된 후손들의 칭호이기도 하며 후일 유다와 베냐민의 두 지파를 중심으로 〈르호보암〉이 왕이 된(왕상12:23) 유다 왕국의 백성과 그의 후손에게서 유래된 민족적 명칭이기도 하여 남방 왕국 멸망을 전후해서 그 나라의 백성들을 가리킬 때 사용되었다(왕하25:25, 느1:2, 렘34:9).

따라서 〈유대인〉이라고 지칭할 때 상황적 배경과 그 민족의 대상범위는 위로는 히브리 민족에서 계승되고 아래로는 이스라엘 선민으로 승계될 시간적 중심민족으로서 바벨론 포로에서 누락된 사람들(에3:6)의 후손들과 포로에서 귀환한 사람들(스6:14, 느13:23)이며 유대교를 믿는 자들과 유대교로 개종한 자들(에8:17), 그리고 최초의 그리스도인이 된 유대인들을 모두 포함할 뿐만 아니라 야곱 이하 그 후손에서부터 야곱을 〈마하나임〉(창32:2) 〈얍복나루〉가에서 〈이스라엘〉이라고 부르게 된(창32:28) 이전까지의 전 역사의 과정에 관련된 종족적 광의(廣義)의 선민으로(참고,

롬11:11-31) 지칭할 때 〈유대인〉이라고 할 수 있고 또한 종교적 관점에서는 그들의 민족종교인 유대교를 신봉하는 자로 정의(定義)하되 이방인과 명백한 구별을 하고 선민의 표징인 할례(갈2:7, 창12:24-25, 레12:2-3)를 받은 사람이 유대인이고 신약시대에는 예수님과 복음전파를 지속적으로 대적한 자들이 또한 유대인이다.

선민(選民)(히브리 민족, 유대인, 이스라엘 백성) 지칭의 구분(Ⅲ)

(3) <이스라엘 민족>이라고 선민을 지칭하는 경우

본 주제의 글은 전회에 언급한 바와 같이 교회의 일반 성도들이 성경을 읽을 때나 설교를 들을 때 <히브리 민족>, <유대인>, <이스라엘 백성> 등의 지칭이 어떤 차이점이 있는지의 정확한 구분이 안 된다는 의견을 듣게 되는데 목회자들이 이를 유념하여 성경공부나 설교 때 하나님의 표본적 선민(選民)을 통한 구원역사를 이루어 가신 과정을 설명하여 교인들의 신앙 생활에 적용할 관점을 넓혀줄 필요가 있다고 생각된다. 따라서 마지막 세 번째로 언급하는 바, <이스라엘 백성>이라고 지칭할 때, 이는 그들의 조상 아브라함을 하나님이 선택한 역사와 관련하여(창12: 1,2, 15:6, 벧전2:9) <하나님의 선민>이라는 말과 같은 대상으로 떠올리게 된다. 성경에서 <이스라엘 백성>에 대한 역사적 기원을 개괄적으로 보면 야곱이 하란땅 외숙 라반의 집 20년을 청산하고 귀향 길에 <마하나임>(브니엘) <얍복>나루에서 천사와 씨름한 후 야곱의 이름을 이스라엘이라고 부른 것에서부터 그 기원을 찾을 수 있다(창32:28, 35:10). 그후 이 명칭은 히브리인이라는 말과 혼용(混用)하기도 하고 종교사회학적인 개념으로 선민을 분류하는 지칭이기도 하며 구약성경 전체에서 야곱과 동의어(同義語)로 보는 명칭일 뿐만 아니라 이스라엘의 족장의 후예인 야곱의 열 두 아들에게 소급하여 표현되기도 했다(창32:32,34:7, 49:16,28, 출1:8). 야곱과 그의 후손들이 출애굽 후 가나안에 들어가 7족속을 정복하고 그 땅을 이스라엘로 부르게 되었고(수23:1) 그후 사사시대를 지나 왕정(王政)시대를 열어 사울과 다윗, 솔로몬 왕정을 거쳐 〈르호보암〉왕 때 남.북이 분열되어 북방에 베냐민과 유다 지파를 제외한 열 지파를 중심으로 〈여로보암〉을 왕으로 추대하고 국호를 〈이스라엘〉로 정하였으며(왕상12:20) 처음으로 이스라엘 나라가 언급된 것은 주전 1230년 경 애굽왕 〈메르네프타〉비문(碑文)에 나타나 있다. 이것이 이스라엘 백성을 지칭하게 된 상황적 내력이고 이를 표본(標本)으로 전 시대와 전 역사에서 하나님의 구원섭리의 전모(全貌)를 반영하신 구속사의 중심 민족으로서의 이스라엘이라는 선민을 이해할 수 있다.

그래서 〈이스라엘 백성〉으로 지칭을 할 경우, 야곱이 이스라엘이 된 이후 형성된 하나님의 언약과 신정(神政) 백성으로 표현되어야 할 성경의 전 사건의 교훈을 논급할 때 지칭할 수 있는 명칭이다. 그리고 물리적 시대배경과 표본적인 구원백성으로서 이스라엘의 민족적인 세 가지 명칭은 본질적으로 그 대상은 하나이며 하나님의 전 시대적 구속사의 영적인 선민은 구원은총이 적용되는 모든 인류가 참 이스라엘이며 참 선민이다. 따라서 우리 모두는 역시 영적 이스라엘이다. 그리고 지구상에 현존하는 나라의 국호이다.

「하나님 "앞에" 예배드린다」는 「하나님 "께" 예배한다」로 고쳐야

목회자들이 각종 예배사(禮拜辭)에서 "지금부터 〈하나님 앞에〉 예배드리겠습니다" 라든지 "하나님 〈앞에〉 찬양 또는 기도 드리자"라는 말을 흔히 쓰고 있는데 여기서 〈앞에〉라는 말이 적절한 표현이 아니다. 일찍이 우리의 언어문화 속에는 유교와 불교 또는 무속(巫俗)적인 종교 언어문화의 잔재(殘滓)가 깔려 있어서 어떤 종교적 행위나 심성을 나타내어 섬김의 대상을 설정할 때 언제나 그 〈앞에〉라는 말을 써 온 것 같다. 〈앞〉은 종교의 대상이 인간의 정성을 감응(感應)하는 주체적 면전이요 종교행위를 굽어 지켜보는 보시(普施)의 근원지요 인간의 나약(懦弱)을 탄원(歎願)하고 숭경(崇敬)하며 신의 초인적 작용이 시동(始動)하는 신접(神接)의 지점(地點)이라고 인위적인 설정을 한 곳을 〈앞에〉라고 표현하여 왔다. 그래서 〈부처님 앞에〉, 〈신령님 앞에〉, 〈제단 앞에〉, 〈신령님 전〉이라는 등의 말을 써왔으며 이런 범신론적인 언어 관행이 여과되지 못한 채 예배용어에 교착(膠着)되어 관용하는 것으로 판단된다. 그렇다면 우리 기독교회가 인격적인 하나님을 대상으로 하는 생명 있는 예배를 할 때 〈하나님 앞에〉라는 표현은 원리와 어법에 어긋나는 표현이다. 본래 〈앞에〉에서 〈-에〉는 사물의 명사(무정(無情)명사) 밑에 붙어서 그 사물의 위치와 존재를 나타내는 〈처소(處所)격 조사〉로서 기독교예배를 수납(受納)적 대상으로 설정하는 표현이 될 수가 없다.

따라서 〈하나님 앞에〉라는 말은 〈하나님께〉라는 말로 바꾸어야 한다. 〈하나님께〉에서 이 〈께〉는 〈에게〉의 높임말인데 유정명사(有情名詞)등에 붙어 쓰이는 부사격조사로서 어떤 정신적 작용과 행동이 미치는 상대편을 나타내는 말이며 또한 어떤 종교적 행위(예배)를 열납하는 주체로 설정하는 표현이다. 하나님 앞에서 하나님이 입회하는 인간행동의 현장이 아니라 하나님은 예배의 주체가 되셔서 친히 그 예배를 받으시는 대상이므로 예배자와 필연적인 종교적 인격관계를 나타내는 표현은 〈하나님 앞에〉라는 존재론적이 아닌 관계론적인 〈하나님께〉인 것이다. 하나님이 존재하시는 공간적 상황개념이 아닌 하나님의 실존의 시공(時空)개념의 역사성이 결합된 예배의 수용적인 대상개념으로 바르게 설정해야 하는 것이다. 계시적 요소가 없는 범신론적 종교행위에서는 그 대상의 존재가 역사성을 갖지 못하기 때문에 비 실체적 강신(降神)의 관념적인 공간설정을 〈앞에〉라고 상황을 설정하는 것이다. 이러한 표현양식을 기독교회의 참 예배언어로 사용하는 사례는 부적절한 것이다. 하나님 〈앞에〉 드리는 예배와 기도와 찬양은 〈하나님께〉 하는 예배와 기도와 찬양으로 갱신하여야 한다. "천지가 없어지기 전에는 율법의 일점일획이라도 반드시 없어지지 아니하고 다 이루리라"(마5:18)는 말씀을 믿는 그리스도인은 비록 사소한 말 한 마디라도 신앙과 성경정신에 벗어난 말이라면 충성하는 마음으로 고쳐 써야하는 것이다.

바른 말 바로 쓰기

성경본문을 "다 찾으신 줄 〈믿고〉"라는 말에 대하여

예배 인도자가 설교할 성경본문의 읽을 장·절을 회중에게 찾게 한 후 "다 찾으신 줄로 〈믿고〉 낭독하겠다"라는 말을 흔히 듣는다. 이 말 중에 〈믿고〉라는 말은 이러한 경우에서 쓸 수 있는 용어로는 적절하지 않다. 이 〈믿음〉이라는 말을 두 가지 경우에서 쓰고 있는데 그 하나는 종교적인 면에서 볼 때 기본적으로 신·구약에서 "하나님에 대한 인간의 의지(依支)와 신뢰"로 표현하고 있다. 그것은 예수님께서 '그리스도이시고', '하나님의 아들'이시며(요20:31), '육신으로' 오셨고(요일4:2), 하나님 아버지에 의해 보내신 바 되었음을 믿고(요16:27). 예수님은 하나님 '안에' 계시며 하나님도 예수님 '안에' 계시는 두 분은 하나의 존재이시며(요14:10-11) 특히 예수님은 죽으셨다가 부활하신 분이심(요11:25)을 믿는 것을 말하는 것으로서 이 신앙은 체험에 의해서만 〈믿게〉 되는 것이 아니고(요20:29) 지적인 부분까지 포함하는 것이(요4:42, 6:69) 기독교의 〈믿음〉에 관한 내용이라고 볼 수 있다.

또 다른 하나는 윤리적인 면에서는 〈믿음〉이란 인간의 상호 관계에서와 시간과 공간과 상황을 달리한 배경에서 인격적인 내면성이나 행위에 바탕을 둔 그 인격의 작용에 관하여 미확인된 사실을 확인한 것과 같이 수용하고 신뢰하는 것을 〈믿음〉이라고 할 수 있다.

그렇다면 예배 인도자가 설교의 근거가 될 성경본문의 장·절의 범위를 회중에게 찾게 하고 "다 찾으신 줄 〈믿고〉 읽겠습니다"라는 표현에서 믿음의 대상과 내용에 대한 〈믿고〉라는 말의 사용은 부적절 한 것이다. 회중들이 처한 시간적 배경은 '지금'이고 공간적 배경은 화자(話者)와 청중이 교감하고 있는 '여기'이며 상황적으로 현장성을 지각하고 인식하며 즉시적 확인이 가능한 현재적 경우인데, 마치 미확인된 상황을 기대조건으로 미루어 신뢰한다는 듯이 표현하는 것은 부자연스러운 것이다. 교인들이 성경본문의 장·절을 찾는 행위는 지금 확인될 인식의 범주에 있는 행동적 요소인데 굳이 성경본문을 찾고 못 찾은 여부를 불문하고 어느 한 면을 일방적으로 추정 단안(斷案)하여 〈믿고〉로 대응하는 것은 작은 일이지만 실상을 그르칠 상황인식방법의 오류로 볼 수밖에 없다. 이러한 경우라면 성경 장·절을 잘 찾을 수 있도록 안내된 연후이기 때문에 그 여부를 확인하는 말로 "다 찾으신 줄 〈알고〉 낭독하겠다고 해야 옳을 것이다. 이는 분명히 '지각'과 '인식'의 상황이지 '믿음'의 내용은 아니기 때문이다. 회중 가운데는 채 못 찾은 이도 있을 수 있다. 그럼에도 불구하고 다 찾은 줄 '안다'는 것은 어떤 대상에 대한 인식의 착오와 판단의 오류는 있을 수 있기 때문이다. 그러나 안 믿어야 할 일을 추상하여 의지(意志)적으로 〈믿겠다〉고 선언하는 것은 바른 공적인 언어가 될 수 없다. 따라서 다 찾은 줄 〈믿고〉라는 말은 다 찾은 줄로 〈알고〉로 교정하여 회중들을 바르게 인도해야 할 것이다.

바른 말 바로 쓰기

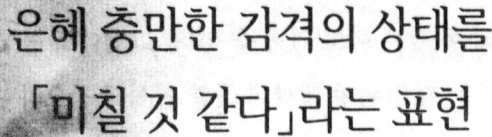

은혜 충만한 감격의 상태를 「미칠 것 같다」라는 표현

　부흥집회 시에 설교자나 교인 중에서 은혜의 충만한 감격을 체험하게 되는 상태를 격정적으로 과장하여 〈미칠 것 같다〉라고 표현하는 사례가 있는데 이는 신앙적 범주에 들 수 없는 삼가야 할 비속어(卑俗語)이다. 특히 하나님의 충만한 은혜와 감화로 영적 감격이 극치의 경지에 이르렀다고 하더라도 그것은 성령님의 임재와 인격적 교감의 역사이며 신자의 신앙 분량에 따라 신(神)적 실재를 수용할 수 있도록 전능자가 조절하시는 것이다. 영적 차원에서 성령님의 역사는 때때로 초자연적인 결과를 나타내기도 하지만 인간이 하나님의 임재를 경험할 수 있는 요소는 언제나 인격적이시다. 구약에서 성령님의 사역은 능력자로서 천지창조와 생명수여에서부터 개인에게 능력과 지혜를 주어 직분을 통해 봉사케 하시고, 선지자들의 양성과 창조의 회복, 메시야의 약속과 기름부음 등의 역사를 수행하셨고, 신약에서는 예수님의 탄생과 사역의 정당성의 입증, 제자들의 활동과 교회확장에 관련을 가지며 그리스도의 속죄능력과 인격 및 사역을 깨닫게 하시는 등 구약에서보다 훨씬 더 인격적인 관점이 지배적이다.

그리고 은혜에 대한 개념도 신비적인 상태로 이해해서는 안 된다. 은혜는 하나님이 그의 백성에게 값없이 주시는 사랑으로서 언약을 통해 나타남과 그리스도를 통해 성취되었고, 진실하고 겸손하며 선한 지혜를 가진 사람들이 받는 것으로서 소망과 찬양의 대상이 되고 언약에 의해 성립된 사랑의 관계가 지속됨을 의미한다. 그리고 은혜의 본질은 예수님의 삶과 교훈을 통해 하나님을 나타내고 믿음으로 은혜 받고 믿음 안에서 풍성함을 경험케 하며 그리스도 안에서 하나님과의 교제와 사람과 화목하며 하나님께 초점을 맞추게 한다.

그렇다면 성령님의 역사로 은혜의 충만한 감격의 상태를 〈미칠 것 같다〉라고 하는 말이 옳은가? 〈미치다〉는 "정신에 이상이 생겨 언행을 보통사람과 전혀 다르게 하는 상태"를 말하는 것이다. 인격과 지혜와 전능하신 성령님의 충만한 체험의 경지가 정신 이상의 상태일 수는 없다. 이는 불건전한 신비에 몰입한 경지를 감탄형으로 속되게 표현하는 말이다. 공의와 인자를 겸하신 성령님과의 교감에서 누리는 영적 환희와 주님께 경도(傾倒)된 상태를 〈미칠 것 같다〉고 말해서는 안 된다. 하나님께로부터 발생한 은총에 대한 속된 반응은 불경스러운 것이다. 물론 충만한 감격의 수준이 너무 커서 신비감이 벅찬 상태를 탈속(脫俗)한 말로 표현할 길이 없어서 그 최고조(最高潮)를 나타내고자 한 표현이기는 하지만 하나님과의 신령한 관계상황을 표현하는 말로는 매우 부적절한 것이다. 따라서 은혜의 깊고 큰 체험에서 누리는 감격의 경지는 〈충만한 감격〉을 받았다거나 〈큰 감동〉을 받았다는 말로 바꾸어야 한다.

바른 말 바로 쓰기

예배 중에 「옆 사람과 인사 나누자」라는 말에 대하여

예배인도자가 예배 중에 회중에게 〈옆 사람과 서로 인사 나눕시다〉라고 제안하는 일을 흔히 보는데 이는 바람직하지 않다. 한 주간 만나지 못한 교우들과 인사말을 나누는 일은 소중한 일이다. 그러나 인사의 시점을 예배수행 중 어느 대목에서 인사하자는 제안과 이에 따른 행위는 매우 부자연스럽기도 하고 또한 인사말 나눔이 예배의 본질적 행위도 아니며 예배를 구성하는 주된 요소인 경건의 정신이 훼손될 수 있기에 적절하지 않다. 특히 남녀 성별을 달리한 사람이나 처지와 관계에 따라 인사법이 다를 수 있는데 예배인도자가 인사말의 예시적 틀을 제시하고 심지어는 "껴안아 주면서 인사를 나누라"는 것이나, 설교에 나온 말과 관련지어 구성한 인사말을 제시하고 〈얼굴모습이 잘 생겼습니다〉라는 등속의 농조(弄調)의 말을 모방케 하여 유희적인 분위기를 만들려는 것은 일종의 망발(妄發)이며 격이 떨어진 무례(無禮)이고 하나님의 성결성을 훼손하는 불경이기도 하다. 예배의 고유성인 경건

(敬虔)이 고려되지 않은 예배순서의 프로그램화와 오락성의 예배 분위기를 조성하여 인간의 유쾌 심리를 충족하려는 발상에서 비롯된 신중치 못한 행위는 마땅히 절제되어야 한다.

예배의 생명력은 경건에 있는데 이와 관련한 바울의 경건은 그리스도인의 종교적인 의무의 일부로 지적하고 있고 다른 한편으로는 하나님을 경외하고 예배하는 것과 그의 계명에 존경을 표하여 순종하는 태도에 근거하고 진리에 대한 순종과 계시에 대한 응답으로 특징지을 수 있으며 또한 이 경건을 하나님의 거룩하신 속성과 관련하여 보면 성경과 종교적인 용법에서 예배하기 위해 세속적인 것과 구별을 의미하고 하나님 자신이 피조물로부터 완전히 구별되며 그의 도덕적인 탁월성과 완전성에서 모든 제한으로부터 자유하심을 나타내는 말이다(합1:13). "여호와 같이 거룩하신 이가 없으시니"(삼상2:2)라는 성경을 볼 때 하나님을 향한 참된 예배의 주조(主潮)는 경건과 거룩이다.

기독교의 가치는 이 경건과 거룩을 떠나서 평가될 수가 없다. 사람과의 교제가 교회 공동체의 추구가치이기는 하나 그것보다 더 큰 가치를 훼손하고 적시(適時)적소(適所)에 적용되는 정당한 방법이 동반되지 않으면 윤리적 가치는 물론 성결성을 잃게 된다. 그렇기 때문에 예배 수행 중에는 교제의 초점을 오직 하나님께만 맞추어야 한다. 그렇다면 성도의 인사의 교제는 예배시작 직전에 인도자의 말에 따라 전후좌우에 있는 교우들의 관계와 처지에 맞는 인사말을 나눈 다음에 〈예배사〉와 함께 순서에 따라 예배를 진행하면 될 것이다. 원칙적으로 성도의 교제는 예배 후에 하는 것이 옳은 것이기는 하나 인사말 없이 예배자리에 같이 있는 것이 부자연스럽기 때문에 가벼운 인사말을 예배진행 전에 나누게 되면 예배의 연합적 의미를 높일 수 있을 것이다.

바른 말 바로 쓰기

성전 앞좌석은 「금싸라기 자리」, 뒷좌석은 「거적자리」라는 말

　　목회자나 부흥강사 중에서 집회 인도 시에 회중에게 앞좌석부터 채워 앉으라고 강조하여 말할 때 예배당 앞좌석은 은혜 내리는 〈금싸라기〉자리요 뒷자리는 〈거적자리〉라고 지목하는 말을 들을 때가 있는데 이는 잘못된 말이다. 이 말은 어떤 행위를 유도코자 보상조건을 제시하는 말이거나 또는 열심 있는 성도가 말씀을 사모하여 앞자리에 앉아서 마치 설교자가 은혜와 복을 강단 가까운 자리에 더 미치게 할 수 있다고 기대하는 마음에 영합(迎合)하는 말이 아닌가 한다. 그리고 사람에 따라서는 공개된 자리와 되바라진 좌석에서 자신의 모습이 노출되기를 꺼리는 심리가 있어 어떤 행위자와 맞대면되는 위치를 기피하고자 하는 경향에 대응하는 말일 수도 있다. 한편으로 보면 설교단 앞좌석은 설교의 교감밀도가 높고 설교자의 감정 담은 표정과 시선에 듣는 이가 연동(連動)되기 때문에 말씀에 대한 반응지수가 클 수 있다. 그래서 맨 앞자리는 은혜와 복을 더 받는 자리라는 비본질적인 조건을 제시하여 가치과장(價値誇張)을 하므로 뒷자리는 상대적인 〈거적자리〉가 되는 셈이다.

그러나 분명한 사실은 교회당 내의 교인의 예배좌석은 하나님과 관계점에서 차별이 있을 수 없다. 어디는 〈금싸라기 자리〉이고 어디는 〈거적자리〉라는 말인가? 하나님의 은혜와 복의 역사가 좌석에 따라 좌우될 수 있단 말인가? 믿음으로 하는 예배의 장소는 어디든지 그곳은 금싸라기 이상의 은혜와 복된 자리인 것이다. 무소부재(無所不在)하시고 전능하신(창17:1) 하나님의 역사는 시공간의 제약이 없으시기 때문에 그의 신적 자유함을 제한하여 말해서는 안된다. 예배당 좌석정리를 통한 물리적 질서유지의 효과가 있다고 해도 금싸라기 좌석은 수(數)적 제한이 있어 부득이 거적자리라는 뒷자리로 앉을 수밖에 없는 필연적 조건을 피할 수 없다. 성령님의 체험과 은혜와 복은 인위적인 좌석선택을 통하여 받고 못 받는 의지적 산물이 아닐 뿐 아니라 그것은 비기독교적인 발상으로 볼 수밖에 없다. 이것은 무속신앙인들이나 이방종교인들이 어떤 신(神)과의 밀착하기 위해 그 앞에 더 가까이 나아가 신의 감응을 얻어내고자 하는 미신적 발상과 다를 바 없는 관점이다.

교인이 성전에서 예배하는 행위는 언제나 하나님과 영적 관계성에서 그 의미를 찾는 것이지 공간적 위치와 어느 좌석과 관련하여 신앙적 의미를 찾는 것은 아니다. 은혜와 복은 사람의 기복적 기대에서 발생되는 것이 아니라 하나님의 전적인 기쁘신 뜻에 기인되는 것인 만큼 앞자리는 금싸라기, 뒷자리는 거적자리라는 관념은 무속적 기복개념이고 생명 있는 기독교회가 쓸 수 있는 말이 아니다. 이런 말은 교인에게 올바른 성경적인 은혜관과 복의 개념에 대한 오해를 줄 수 있으므로 신학적인 정당성이 없는 말은 삼가야 할 필요가 있다.

바른 말 바로 쓰기

『기도 말』의 어투와 어조는
「겸양법」으로 해야

    공중기도나 개인기도에서 기도자의 기도하는 말이 겸비하지 못한 어투(語套)나 어조(語調)로 하는 태도는 시정해야 한다. 성경적인 기도는 "하나님께 인간의 영이 취할 수 있는 모든 자세로 드리는 예배"이며, 그리스도인은 기도 속에서 하나님을 숭배하고 고백하고 찬양하며 기원할 때 하나님을 예배한다. 인간의 영이 할 수 있는 숭고한 행위는 그 강조점이 충분히 하나님의 주권에 놓여 있는 한 하나님과 기도하는 교제로 생각할 수 있다. 그리고 모든 형태의 기도에서 중심을 이루는 두 요소는 찬양과 간구이다. 이 간구하는 기도는 하나님 나라의 임재와 하나님의 공의를 비는 기도가 첫째이자 최상의 기도이다(마6:9-10, 33). 물론 일상으로 요구되는 조건과(마6:11-13) 마음의 소원들(시37:4)을 비는 것이 제외되지 않는다.

    그리고 성경에서 기도는 자연적인 반응이 아니며(요4:24), 모든 기도를 다 들어주시는 것이 아니라(사1:15, 29:13) 응답되지 않는 기도가 있는 것이다(눅22:42,고후12:7-9). 참된 기도와 응답 받는 기도는 하나님의 뜻을 개인적으로 깨달아 받아드리는 것이며(요14:7, 막11:24), 효과적인 기도는 하나님의 뜻에 순종하는 기도이다(마26:39, 요일5:14). 사실 이 기도는 인간과 하나님 사이의 언약관계가 믿음 위에 기초할 때에만 이루어 질 수 있는 것이다. 그리고 기도의 응답은 기도의 내용을 하나님이 인정하심이 아니라 하나님께 인정받는 일이라는 확신이다.

기도의 자세를 성경에서 보면 "무릎을 꿇고 손을 펴서"(왕상 8:54, 스9:5), "손을 들고 ...몸을 굽혀"(느8:6), "서서"(느9:4, 눅18:11,13) 등으로 나타나 있으나 특정한 자세가 결코 규정되어 있지는 않다. 이렇게 기도를 이해한다면 기도는 겸비한 자세로 어조(語調)가 부드럽고 격렬하지 않아야 하고 간구가 투정을 부리는 격이 되어서도 안되며 하나님의 공의와 거룩을 구하고 그의 구원 사역의 찬양과 뜻을 순종하는 예배적 행위인 기도의 어투(語套)는 최상의 공대어라야 하고 겸양의 어조와 고백적이어야 한다. 대다수의 기도말의 어투는 하나님을 설득회유(懷柔)하려는 투의 기도, 성구를 인용하여 하나님을 일깨우고자 하는 기도, 격정적인 어조로 하나님을 감동시키고자 하는 기도, 응답하지 않으면 안되겠다고 강변(強辯)하는 기도, 논리와 이치를 밝혀 하나님과 담판을 지으려는 기도, 남들을 빗대어 들으라는 듯이 고발하는 투의 기도, 자신의 공적을 듣는 이와 하나님께 알리는 자기 현시(顯示)적인 기도, 신적 경지에 몰입하는 듯 주문 외우듯이 사설(辭說)하는 투의 기도 등은 옳지 않다.

참된 기도는 하나님의 언약을 믿고 순종하며 그의 영광을 위한 동기와 겸비한 마음으로 간구하며 고백적 어투와 부드러운 겸양법의 어조로 지존하신 하나님을 숭경(崇敬)하는 마음과 자세로 하는 기도이어야 한다. 그러자면 마음과 태도와 기도말이 진실하고 정직해야 한다.

바른 말 바로 쓰기

「이상」(以上)과 「이하」(以下)는 표준 수량에 포함된다

　　교회의 규범이나 회의문화에서 사물의 수량과 정도를 나타낼 때 표준수량 한도(限度)의 위(다음)로 이르는 수의 정도를 以上으로 표현하고 표준 수량 한도의 아래(밑)로 이르는 수의 정도를 以下로 표현하는데 〈표준수량〉이란 이상과 이하의 기준수로서 적은 쪽으로나 많은 쪽으로 시작되는 수를 말한다. 성경에 일정한 한도(限度) 아래를 나타낸 "...그 허리 '이하' 모양은 불같고 허리 '이상'은 광채가 나서 단 쇠 같은데"(겔8:2)에서 〈허리 이하〉는 허리가 표준수량의 정도를 나타내는 거기서부터 아래로 시작되는 기준점이 되는 보기와 "무릇 계수 중에 드는 자 곧 〈이십 세 이상〉된 자가 여호와께 드리되"(출30:14)와 "육십 세 이상은 남자이면 그 값을 십 오 세겔로 하고..."(레27:7)에서 〈육십 세 이상〉은 육십 세가 표준 수량의 거기서부터 위로 시작되는 기준수가 되는 것이다.

교회에서 각종회의를 열어 결의를 할 때 개회성수나 결의성수인 정족수(定足數) 혹은 성수(成數)의 기점수(起點數)를 정하는 규정이나 말을 하여 20명(표) 이상, ⅔ 이상, 과반수 이상, 반(半)수 미만이나 이하는 안 된다는 말 등을 사용하게 되는데 이 경우 그 기준 수를 잘못 산정(算定)하는 경우가 있다. 이때 20명(표)은 21명으로 향하는 수와 19명으로 향하는 수에 포함되기도 한다. 다시 말하여 以上은 "어떤 수량과 정도를 나타내는, 以上이 시작되는 그 수를 포함하여 그것보다 많거나 위를 나타내는 말"이기도 하며, 以下는 "수량과 정도를 나타내는 以下가 시작되는 그 수를 포함하여 그것보다 적음이나 아래를 나타내는 말"이기도 하다. 즉 시작 기점이 되는 표준 수량은 이상에도 이하에도 포함된다. 예를 들면 19가 上限적 제한기준이면 19 이하 또는 20 미만으로 나타내야 하고 21이 下限적 제한기준이면 21 이상 또는 20 초과라고 나타내야 하되 초과는 기준 수보다 많은 수부터이고 미만은 기준 수보다 적은 수부터이니 이상과 이하의 수는 많은 수와 적은 수에 다 포함이 되는 것이다.

　이 말을 잘못 사용하는 사례가 작금에 방송 언어에서 보도된 바가 있었는데 그 내용은 아파트 분양원가 연동(連動)제를 말하면서 25.7평의 국민주택 이하의 규모는 원가연동제 적용대상으로 하고, 25.7평 이상의 규모는 다른 기준을 적용시킨다는 것이었다. 이 말에서 25.7평 이상과 이하는 상·하한 기준에 다 포함되는 말로서 원가연동제 대상에 들기도 안 들기도 한다는 이중기준을 말한 것이다. 이 경우 25.7평까지는 해당되고 그 규모가 넘는 원가연동제에서 제외되는 대상은 25.7평 〈초과평수〉라고 했어야 옳다. 이러한 형식의 사례가 교회 내적 언어문화 속에도 더러 있어 이로 인해 이해 당사자끼리의 갈등을 빚기도 하고 수적 산정(算定)의 착오로 교회규범에 저촉이 되는 경우도 있기 때문에 이런 실수는 없어야 한다.

바른 말 바로 쓰기

「결혼기념」감사예물은 「결혼일」감사예물로 해야

교회 교우들 중에 자신의 결혼한 날을 기념하여 하나님께 감사예물을 봉헌하는 사례를 자주 볼 수 있는데 여기에 고쳐야 할 부분이 있다. 대개 결혼 일을 일 년 주기(週期)로 그 햇수를 거듭해 오면서 그날을 추억하고 결혼생활의 과정을 회상하며 그간에 결혼으로 주어진 모두가 하나님의 은혜임을 알고 감사의 뜻을 담은 예물봉헌이나 강단 장식용 꽃꽂이 또는 관상용 화분을 바치기도 한다. 그리고 헌금함에 예물의 건명(件名)을 적어 투함(投函)하여 봉헌시간에 이를 밝혀 광고하는 경우가 있다. 이 경우 봉헌자 자신의 〈결혼기념〉을 감사의 이유로 삼게된 점이 적절한 봉헌의 동기가 되며 합당한 예배행위라 할 수 있는가? 신앙생활 가운데 감사의 조건은 범사(凡事)이다. 그러나 한 개인의 삶의 특정한 내용을 하나님 앞에서 〈기념〉을 삼겠다는 일은 냉정히 보면 송구스러운 일인 것이다. 우리의 예배와 감사의 근거는 하나님의 사랑과 은총이며 예수 그리스도의 위대하신 십자가의 중보사역으로 구원받은 사건이다. 따라서 이것을 〈기념〉하고 찬양할 하나님 앞에서 예배자 자신의 신상적인 특정사실을 〈기념〉하여 그것을 감사의 이유로 삼는 것은 옳지 않으며 그리스도의 십자가의 대속적 고난의 사건과 그의 구원의 은혜언약, 그리고 부활을 전적으로 기념하고 예배에서 그 재현(再現)을 체험할 당사자가 자신의 기념적인 사실을 주님께 내어놓는 일은 주님의 위대하고 기념할 공적 앞에 부적절한 것이다.

성경에서 기념물과 기념의 예를 보면 대개 제의(祭儀)적 행위와 관련이 있고(레2:2, 16, 5:15, 24:7), 또한 모든 기념은 하나님을 향하는 종교적인 일과 하나님 편에 속한 일에 관한 행위로 나타나 있다(시145:7, 출12:14, 13:3, 28:29, 눅22:19, 고전11:25, 마26:13). 그렇다면 인간의 공적(功績) 개념이 암시되고 자기 찬하(讚賀)적인 동기와 다행감정을 묵시적으로 담아 표현하는 것은 부자연스럽고 간접적인 자축(自祝)의 뜻이 깃든 〈결혼기념〉을 표상으로 삼아 공지성(公知性) 실명(實名)으로 물질을 봉헌하는 태도는 성숙한 신앙행위로 보기 어렵다. 물론 감사의 봉헌행위 자체를 무가치하다는 말은 아니다. 다만 다른 대안(對案)이 있기 때문에 예배정신에 불합당한 말을 교정하자는 뜻이다.

그 〈결혼기념〉이라는 말의 대안으로는 〈결혼일 감사〉로 한다면 자신의 일을 두고 주님의 기념비적인 공로 앞에서 〈기념〉이란 송구한 표현을 하지 않아도 될 수 있다. 그렇다면 〈결혼감사〉라고 하면 되지 않겠느냐? 고 할 수 있으나 이는 과거적 시제(時制) 개념이 없어 대안으로 미흡하다. 우리가 〈생일감사〉라는 말을 시제에 구애됨이 없이 보편적으로 쓰고 있는 예와 같이 〈결혼일〉 감사예물로 고쳐 표현하면 우리의 작은 충성과 예배정신을 하나님께서 기뻐하실 것이다. 관행과 편리하다는 이유만으로 고쳐 쓰면 좋을 말 고집말아야 한다.

바른 말 바로 쓰기

「십자가 형벌」은 「십자가 고난」으로

　목회자 중에 설교나 교인 중에 기도말에서 예수님의 십자가 고난의 사건을 인용할 때 "주님은 우리의 죄로 인하여 〈십자가의 형벌〉을 몸소 받으심으로 우리는 자유함과 구원을 받게 되었다"는 말을 들을 때가 있는데 여기에서 〈십자가 형벌〉이라는 말은 부적절한 표현이 다. 예수님은 삼위일체의 하나님으로서 무죄성과 거룩성과 의로우심에 있어 완전한 신적 충분성을 가지고 계심으로써 종교적 관점에서 결함이 없고(행7:52) 윤리와 도덕적 관점에서 흠과 티가 없으며(벧전1:19) 공생애 기간 중 유대적 전통과 율례와 정치적 관계에서 또는 문화적 질서에서도 저촉됨이나 결함이 없으셨던 분이다. 그 증거로서 예수님을 빌라도 총독이 심문을 할 때 빌라도는 예수님에게서 잘못을 찾지 못했으며(마27:23-24), 또한 빌라도 총독이 재판할 때 그의 아내가 사람을 보내어 "저 옳은 사람에게 아무 상관도 하지 마옵소서" (마27:19)라고 한 점으로도 예수님의 무죄성을 입증하고 있는 것이다.

이러한 의인 예수님에게는 형벌에 상응한 죄과(罪過)가 없었기 때문에 징벌 차원의 수난(受難)은 아닌 것이다. 비록 인간의 멸망 받을 죄가 주님께 전가되어 겪은 일이라고 해도 죄에 대한 응분의 징벌은 아니며 의인으로서 죄인의 처지를 취한 것일 뿐 범죄한 죄인의 신분은 아니였다(고후5:21). 그리스도의 죽음은 하나님의 경륜에 의존되고 그리스도 자신에게는 그 경륜에 자원적 순종이며 인류에게는 구원을 위한 포용적 대속의 희생이었다. 이러므로 예수님의 고난과 죽으심은 신적 경륜을 떠나서 법적, 정치적, 윤리적 또는 주님 자신에게 있어서 죽으셔야 할 이유는 없었다. 따라서 형벌이나 죄에 응징과는 전혀 관계가 없다. 다만 "그가 찔림은 우리의 허물을 인함이요, 그가 상함은 우리의 죄악을 인함이라 그가 징계를 받음으로 우리가 평화를 누리고 그가 채찍에 맞음으로 우리가 나음을 얻었도다"(사53:5). 이렇게 주님은 죽음의 동기와 목적을 밝히고 있다. 다만 십자가는 형틀이고 골고다는 형장이며 그의 죽음은 명분상 사형같으나 그것은 필연적인 형벌의 근거와 이유를 갖고 있지 않다. 죄로 멸망 받을 인류의 구원을 위한 대속의 고난이었고 형벌같은 고난을 당하신 것이다.

예수님이 형벌로 십자가에 죽음을 당하셨다면 그리스도의 무죄성에 문제가 있게 되며 의인으로서 죄인 인간을 대신할 자격에 문제가 있게 되고 중보자로서 신적 의로움의 본질을 훼손하게 된다. 그런고로 십자가는 주님에게 있어서는 대속적 고난의 무거운

짐인 것이므로 설교자와 기도자는 그리스도의 중보사역을 형벌적 개념으로 표현할 것이 아니라 고난의 개념으로 설명하고 표현해야 하며 죽음도 감각적인 내용은 고통이요 고난인 것이니 죄인의 징벌적 죽음이 아니라 의인으로서 죄인의 역할로 죄인을 대속한 고난임을 구분해야 한다. 주님 죽으심은 인류의 멸망의 죽음이 전가된 대표적인 희생이란 사상을 담고 있는 것이다.

「붉은 악마」라는 말은 「붉은 응원단」으로

2002년 한일월드컵 국제축구대회 개최를 계기로 한국축구선수들의 응원단이 붉은 색 제복(uniform)을 입고 〈붉은 악마〉라는 이름으로 경기장과 거리광장에서 수십만이 모여 조직적인 응원을 펼쳐 세계 4위의 축구강국의 명성을 높이는데 기여하고 세계인의 시선을 모았다. 〈붉은 악마〉는 1983년 멕시코 세계청소년축구대회에서 한국대표팀이 세계 4위에 오르자 세계 언론들이 한국팀을 〈붉은 악령;Red Furies〉이라고 한 것을 〈붉은 악마;Red Devil〉로 번역된 후 1995년 12월 〈Great Hankuk Supporters Club〉으로 출발하여 1998년 8월에 〈붉은 악마〉라는 이름으로 오늘에 이르렀다.

그 후 〈붉은 악마〉라는 축구 응원단을 전 국민은 물론이고 교회 내에서 심지어는 설교자들까지도 예화나 관련 상황을 인용할 때 이 응원단을 〈붉은 악마〉로 지칭하는 사례가 있는데 이 지칭을 기독인이 쓰지 말아야 할 몇 가지 이유가 있다. 당시 몇몇 언론에서 문제성을 지적한 바가 있었으나 다수의 언중(言衆)이 무비판적 모방사용으로 유행어가 되어 버린 그 문제점은 첫째, 성경적 관점에서 악마, 마귀, 사탄 등은 기독교의 적대적 존재로서 신앙인을 미혹(迷惑)하고 하나님과 원수되게 하는 배도(背道)적 기능을 지속적으로 행사하는 점이고, 둘째, 악마(惡魔)라는 말의 의미로는 '악한 마귀' 또는 '악한 사탄' 이라는 말인데 여기에서 악은 본질적으로 선하지 못하여 사악하고 죄악된 행동을 말하며, 언어기능으로는 고자질과 중상모략과 거짓증거를 하고, 영(靈)적으로는 더러운 영, 귀신, 인간을 대적하고 번뇌케 하는 것 등이 기독교의 선한 본질적 요소를 훼손하는 악이기 때문이며, 셋째, 〈붉은 악마〉라는 말의 어감과 인상이 비인도적, 비문화적, 반인류적 인상이 짙고 인간의 보편적인 삶을 공유할 수 없는 사회공동체로부터 유리된 반사회적 실존개념을 갖게 하며 배타적 정서를 충동하는 어감을 강하게 풍기고 있다는 점이다. 따라서 이 지칭을 문화적 산물로 고정하여 반복적으로 사용하기에는 국민정서에 반하고 보편적 가치를 존중하는 다수의 동시대인과 성경적 기독교문화 창달과 사회질서를 도모코자 하는 신앙인들의 기대심에 수용되지 않는 지칭인 것이다.

그리스도인의 기도는 "우리를 악에서 구하옵소서"(마6:13)이고, "악을 미워하고 선에 속하여야"(롬12:9) 하고, "악은 모든 모양이라도 버리라"(살전5:22)는 교훈과도 관련이 있기 때문이다. 혹자의 말에 〈붉은 악마〉는 강인한 경기력의 정신적 배경이 됨과 상대방 선수의 기세를 누르는 위압적인 이미지를 표출하는 승전 철학을 담은 상징성이 있다고 한다. 그러나 〈악마〉의 속성을 관념적, 문화적 감각으로 승화시킨다고 해도 그 지칭 자체는 기독인이 쓸 언어로는 부적절하고 특히 설교자들이 삼가야 할 말이다. 그러면 그 대안은 〈붉은 응원단〉이라고 하면 될 것이다. 성경적 악마의 실체는 그리스도인의 대적인 점을 기억해야 한다.

교인의 상호 차이점을 차등적으로 표현하지 말아야

흔히 교회 안에서 교인 상호의 신변(身邊)적인 특성의 차이점을 차등적으로 표현하는 경우가 있는데 이는 삼가야 할 말이다. 물론 인간사와 관련된 사물의 현상이나 도덕적 가치에서 우열의 차등은 있을 수 있으나 교회의 고유한 특성이나 가치로 볼 때 그것은 비성경적이다. 예를 들면 "직분의 유형에 따른 상하의 서열화(序列化), 지적 수준의 차이를 인격의 차이로 보는 시각, 빈부를 차별하는 사고, 사회적 신분과 지위의 고하에 따른 차별대우, 교회에 기여 정도에 따른 관심의 차이, 은사의 우열(優劣)적 판단 등이다. 그리스도의 몸된 교회의 이상(理想)은 평등주의이다. 거기에는 '너와 나와' 의 차이가 있을 뿐 차등개념은 없는 것이다.

차등(差等)은 등급의 차이로써 가치나 품질, 신분의 고하(高下), 좋고 나쁨의 차이를 여러 층으로 나눈 급수나 등위(等位)를 뜻하는 말인데 인간이 가진 고유한 인격을 상대적 차이로 인해서

등급이 성립되는 것은 결코 옳지 않다. 그리스도 안에 공동체적 개념은 획일적 일치가 아니라 그리스도의 몸을 이루는 다양성의 연합인 것이다. 그러므로 각자의 차이점을 인정하고 서로 보완하며 필요를 채우는 상호 보완적 연고(緣故)성을 가지고 그리스도 안에서 신앙인의 본분을 지켜가야 한다. 그리스도인의 능력은 하나님으로부터 받은 은사적 관점에서 해석되어야 한다. 하나님께로부터 온 것은 그 유형과 기능의 차이가 특징적으로 있을 뿐 가치적 등급의 개념을 가질 수는 없다. 모든 은사는 하나님의 주권적인 행위로서 그의 기쁘신 뜻과 필요에 의해 주어진 것이지 인간의 요구에 의해 취해진 것이 아니다. 따라서 은사의 원인자는 언제나 하나님이시므로 인간의 의지와 관계없이 선물로 받게 된 것이다. 그러므로 각자가 받은 달란트의 기능적인 차이점을 신변적 차등으로 보는 것은 비성경적, 비윤리적이다. 성경은 "각양 좋은 은사"(약1:17)라고 했고 "은사를 받은 대로…각양 은혜를 맡은 선한 청지기 같이 서로 봉사하라"(벧전4:10)고 했으며 "모든 은사는 각각 다르다"(롬12:6, 6-8, 고전7:7, 12:4)고 했다.

교회는 '우리' 라는 공동체를 통한 그리스도의 한 몸을 이루는 것이므로 나와 다르다는 이유로 남이 부정되어서는 안 된다. 우리는 본질적인 죄인이었으나 중보적 의인으로 그리스도께 연합된 하나이므로 서로를 이분법적으로 차별해서는 안 된다. 각각의 차이는 은사적 필요에 따른 차이이고 신앙인격의 개별적 특성이기 때문에 교회공동체는 획일적인 일치를 추구하지 말아야 한다. 성숙한 교회는 서로 다른 사람들이 그리스도 안에서 연합적 일치를 이루고 편파적이고 반윤리적으로 교회의 본성을 거역하지 않는다. 차이점이 차등으로 오해되지 않고 중생한 영혼과 신자의 인격이 그리스도의 피 값으로 평가되고 존중되는 교회공동체가 되어야 한다. 각자의 헌신과 봉헌도 내적 감동과 내적 증거에 따라 자원하는 마음으로 최선을 다했다면 그것은 명예롭게 평가되고 인정되어야 한다. 모든 사람의 차이점은 있게 마련이다. 그러나 그것은 차등으로 볼 수는 없다.

바른 말 바로 쓰기

「영-발」,「기도-발」이 "세다", "있다" 라는 말 부적절하다.

교인들이 쓰는 신앙용어 중에 "어느 기도원은 '영(靈)-발'이 세다, 또는 '영-발'이 있다" "누구의 기도는 '기도-발'이 세다"는 등의 말이 있는데 이는 성경정신에 맞지 않고 교회의 용어로도 부적절하다. 〈영-발〉이 세다, 있다, 등으로 표현하는 말의 배경에는 기도원의 경우, 신앙행위 중에 기도응답으로 영육간의 큰 변화나 은사를 강하게 체험하게 될 때 그 기도원을 체험자의 주관적인 말로 〈영-발〉이 있는 기도원이라 하고, 어느 기도인도자가 열정어린 어조로 호소력 있게 하는 기도와 그 기도의 응답을 체험한 사례를 두고 〈영-발〉이 센 기도, 〈영-발〉 있는 기도라고 하는데 이 말은 몇 가지 이유에서 부적절하다.

첫째, 성령님의 역사나 영적인 문제와 관련된 말에 〈-발〉이라는 말을 합성하여 쓰는 것은 이 말의 본래의 용법에 맞는 말을 분별없이 모방한 것이다. 이 〈-발〉이라는 말의 품사(品詞)적 값은 사물의 명사 아래 붙어 그 사물이 가진 속성적인 기능으로 "치솟는 기세(氣勢)"나 "내뻗는 기운", "뚜렷한 효험이나 결과를 내비치는" 뜻을 나타내는 접미사(接尾辭)인데 그 예로서 "사방으로 뻗친 햇살"을 〈햇-발〉, "서리가 내린 기운"을 〈서릿-발〉, "노름에서 좋은 끗수가 연이어 나오는 기세"를 〈끗-발〉, "말이 먹혀 말한 대로 일이 되어가는 정도와 말의 권위를 나타내는"〈말-발〉, "질고에 약의 효험을 나타내는"〈약-발〉 등으로 이는 비인격적인 사물의 외표(外表)적인 속성의 기세를 나타내는 사례이다. 이런 등속(等屬)에 합성되는 말을 〈영〉과 〈기도〉라는 영성적인 말에 접속할 수 없는 말이란 점. 둘째, 〈영-발〉이 영력의 뜻을 가진다고 해도 기도원 자체의 물리적인 공간이 성령님의 능력을 나타내는 것이 아니라 성령님의 임재적 역사가 그 기도원에 모인 신앙인의 인격 위에 나타나는 일이라는 점. 셋째, 사물은 그 자체의 속성적인 작용으로 어떤 현상을 나타내지만 〈기도와 기도원〉은 그 배후에 하나님의 역사가 객관적으로 작용함이 없이 사람이 구하는 기도 자체가 능력이 있거나 기도원 자체가 영력이 있을 수 있겠는가? 영력은 성령님과의 관계에서만 기세로 나타나게 된다는 점. 넷째, 〈-발〉을 교회용어로 쓸 때 무속신앙에서 기복적 기원에 따른 신의 감응으로 어떤 효험(效驗)의 징후를 나타내고자 하는 표현과 같다는 점 등이다.

그러므로 기도원의 영력은 신학적인 배경과 신앙이념으로 검증된 설립정신을 바탕으로 건전한 신앙과 계시의존을 통한 성령님의 임재의 역사를 말하는 것이고, 기도의 영력은 기도자의 정직한 영과 말씀을 근거한 참 믿음 위에서 겸손과 고백으로 하나님의 선한 뜻에 합의를 구하는 기도이어야 할 때의 말이다. 따라서 〈영-발〉이라는 말은 "성령의 역사"로, 〈기도-발〉이라는 말은 "기도의 능력"으로 고쳐 "성령님이 역사하는 기도원", "능력 있는 기도자"로 표현하는 것이 옳은 것이다. 무속적인 종교용어를 바른 교회용어로 고쳐 생명 있는 참된 교회를 바르게 세워가야 함이 신앙인의 참 도리이다.

바른 말 바로 쓰기

「주의 이름으로, 주 안에서 사랑합니다」 라는 말에 대한 유감

기독교인들이 인사조로 하는 말에서 "주의 이름으로 또는 주 안에서 사랑합니다", "문안합니다"라고 말하는 사례가 있는데 이는 교제의 말로 부적절하다. 성경에 비춰볼 때 〈주의 이름〉과 〈주 안에서〉 되어진 일은 평범한 일은 아니었다. 주의 이름은 전능자 하나님으로서의 예수님 자체를 나타내는 말로서 "귀신을 쫓아내고"(마7:22, 막16:17, 눅9:42, 49, 행16:18), "선지자들이 주의 뜻을 전하고"(약5:10), "병자를 치유하는"(행3:6) 초자연적인 이적을 나타내었고 〈주 안에〉는 바울의 중요한 신학사상이기도 한데 그리스도 안에는 "죽은 자의 살리심이 있고"(엡1:20), "그의 안에는 모든 것이 충만하고"(골1:19), "생명이 그의 아들 안에 있는"(요일 5:11) 등의 신(神)적 충만성이 인간의 충분조건으로 명시되어 있다.

이런 관점에서 〈주의 이름으로〉와 〈주 안에서〉라는 말이 인사

나 교제어로 적합하지 않는 몇 가지 이유가 있는데

첫째, 이 말을 쓸 수 있는 경우는 영적 행위에 한정할 필요가 있다. 주의 이름은 거룩히 여김을 받아야 할 존귀한 이름이고, 주 안에는 신령한 무한의 세계로서 온 우주 만물과 시공이 그것으로 섭리되어 초월적 역사가 무시(無時)적으로 편재(遍在)하므로 한 개인이 상황에 따라 어느 행위 앞에 '주의 이름' 이나 '주 안에' 를 전제조건으로 수식할 필요가 없다. 그것이 공인된 영적 행위가 아닌 사적 행위일 때는 더욱 그렇다.

둘째, 교회공동체의 교제의 본질은 신앙의 바탕이지만 삶으로서의 친교는 중생한 인격과 윤리적 관계인데 굳이 인사말을 "주의 이름과 그의 안에서" 해야 하는가? 신자는 이미 주님의 이름과 주님 안에 의존되어 있어서 굳이 이를 단서(但書)적으로 "사랑합니다" 라는 말과 접속하여 표현할 필요는 없는 것이다.

셋째, "사랑합니다"라는 말은 그 대상의 심성 안에 강한 인상을 심어주기위한 심리적인 동기가 있을 수 있고 혹 그 대상이 이성일 때 겸연(慊然)쩍을 수 있는 도덕적인 정서를 "주님의 이름"으로 승화시켜 종교성으로 자기표현을 합리화하고자 수사(修辭)하는 표현이기 때문에 "주님의 이름"과 "주님 안"은 인간행위의 부수적인 수사에 머물 수는 없는 것이다.

교회용어 바로 쓰기 165

넷째, "주님의 이름과 주 안에"는 언제나 우리의 최고의 가치요 의존(依存)의 토대인데 이를 존재와 삶의 본질적인 방편이 아닌 인간과 인간의 범상(凡常)한 관계적 수단과 통로로 인용하는 것은 적절하지 못한 것이다. 주님의 이름은 언제나 영광스러워야 하고 주님의 안은 그의 본질적인 요소가 증명될 수 있어야 하기 때문이다.

이러한 관점에서 이 말은 신자의 교제와 인사말의 수사적 소재와 수단이 아닌 신령한 본질적인 개념으로 삶에 인용되어야 하고 "주의 이름과 그의 안은" 우리의 기대와 목적을 담고 있으므로 존귀하고 거룩하게 지칭하며 영적 공개념에서 이해하고 영적 권위로 존중해야 한다. 따라서 인사말이라면 〈믿음 안에서 사랑합니다〉나 〈주님의 사랑으로 사랑합니다〉라고 하면 자연스러울 것이다.

바른 말 바로 쓰기

님의 "간섭"은 "주장"으로, "하나님의 몸된 교회"는 "주님의 몸된 교회"로

주님의 <간섭>은 주님의 <주관>(주장)으로 고쳐 써야 한다

기독교인들의 기도말 중에 "주님이 '간섭' 해 주옵소서"라고 표현하는 사례가 있는데 이는 옳지 않다. <간섭>이라는 말은 "남의 일에 참견(參見)하거나 관계하려고 개입하는 일"을 말하는 것으로서 주님과 우리와의 관계에서 쓰는 말로는 부적합하다. 그 이유는 어떤 일에 <간섭>을 하게 되는 경우에 당사자의 상호관계는 타자(他者)적 관계로 남이 하는 일에 책임은 지지 않고 개입만 하는 것이지만 주님과 신자의 관계는 그와 같은 관계가 아닐 뿐만 아니라 주님은 인간을 포함한 만물의 주관자로서 전 역사를 섭리하시며 점유(占有)하사 만유의 주, 만주의 주로서 다스리신다. 그리고 그의 피값으로 사신 바 되어 대속함을 받은 신자는 주의 "택하신 족속이요 그의 소유된 백성"(벧전2:9)이기 때문에 인간의 한 부분에만 간섭하시는 것이 아니라 모두를 주재하시는 우리의 주관자이며 또한 우리의 전부이시고 우리는 그의 일부로서 성령님의 내적 조명을 통한 그리스도의 본성을 내재화한다. 따라서 주님은 우리의 궁극적인 주인으로서 〈간섭〉자가 아니라 우리의 〈주관〉(주장)자로 우리의 목적이 되심을 믿고 그를 구해야 하는 것이 마땅한 것이므로 오늘도 주님은 우리의 주관자이심을 말해야 하고 〈주님이 주관하여 주옵소서〉라고 고백해야 한다.

〈하나님의 몸된 교회〉는 〈주님의 몸된 교회〉로 고쳐 써야 한다

교인들이나 목회자들 중에서 〈주님의 몸된 교회〉를 〈하나님의 몸된 교회〉라고 말하는 사례가 있는데 합당하지 않은 표현이다. 본체론적 삼위일체론의 신·인격성을 확대해석하여 응용한다고 해도 성부 하나님께 성육신의 사상과 육화(肉化)된 성자 예수님을 중심한 표현을 적용할 이유는 없는 것이다. 성부 하나님은 영원한 신성(神性)으로 계시고 인류구속사를 경륜하셨고 영원한 천국교회의 예표적인 지상교회를 그리스도의 대속적 죽으심과 부활의 터 위에 세워 영원한 영적 교회를 기대하는 증거를 주셨다. 따라서 택한 자로 세우신 교회에 그리스도가 머리되시고 그의 백성은 인성을 겸전하신 그리스도의 몸을 이룬 지체로서 모든 교회는 그리스도의 영적 몸이기 때문에 〈주님의 몸된 교회〉가 되는

것이다(골1:18)

그리고 〈몸된 교회〉라고 말할 때는 그리스도의 성육신의 사상과 사건을 배경으로 그리스도를 중심한 우주적 교회가 다 하나님께 속하며 그리스도 안에서 성령님을 통한 연합적 일치를 이루고 그리스도에게 속하여 영적 통일을 이루어 한 몸을 이루는 구원의 실체를 두고 하는 말이다. 그런고로 교회는 육신을 입으시고 구주로 오신 예수 그리스도께 연합된 구원받은 백성으로서 그의 지체들이요 그의 몸인 것이다. 따라서 교회는 〈주님의 몸〉이요 〈주의 몸된 교회〉인 바 〈하나님의 몸된 교회〉는 삼위 하나님의 신성적 질서를 주목하면서 〈주의 몸된 교회〉로 고쳐 써야 할 말이다.

바른 말 바로 쓰기

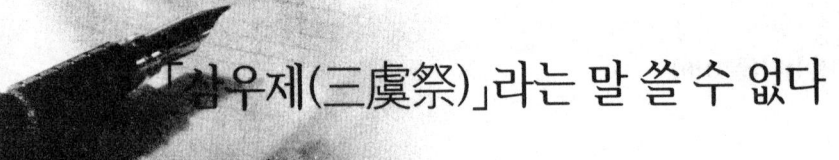
「삼우제(三虞祭)」라는 말 쓸 수 없다

 기독교인 가정에서 별세한 교인의 장례를 마친 후 3일 만에 삼우제(三虞祭)란 명목으로 유족들이 성묘(省墓)하는 관행이 있는데 이 〈삼우제〉라는 말은 유교적 관례(慣例)에 관한 용어로서 기독교인이 쓸 수 없는 말이다. 이 말의 배경은 중국 한대(漢代)의 무제(武帝) 때 오경(五經)에 밝은 학자인 오경박사(五經博士) 오인(五人)에 의하여 유래된 역경(易經), 서경(書經), 시경(詩經), 예기(禮記), 춘추(春秋) 등의 다섯 가지 경서(經書) 중에 주례(周禮), 의례(儀禮), 예기(禮記)의 삼례(三禮)가 있다. 이 중에 하나인 〈예기〉(禮記)라는 경서(經書)에 기록된 제의(祭儀)에 관한 가르침에서 전래(傳來)된 제례의식이 〈삼우제〉이다.

 이러한 뿌리를 가진 삼우제(三虞祭)는 우제(虞祭)라는 말로 쓰기도 하는데 장사를 지낸 후 3일 동안에 세 번 행하는 제사로서 초우(初虞), 재우(再虞), 삼우(三虞)를 모두 일컫는 말이며 그 중 〈삼우제)는 세 번째로 행하는 제례로서 이교(異敎)적인 사상에 근거를 두고 있어 삼가야 할 말이다. 다만 기독교의 신앙정절에 훼손됨이 없는 "성묘"만의 행위와 그 말은 몇 가지 윤리적 의미가 있다고 본다. 첫째, 장사(葬事) 당일까지 먼 외지에서 채 돌아오지 못한 가족이나 기타 사유로 인하여 장례에 불참한 친족들이 사후 〈성묘〉를 통해 묘소(墓所)를 확인하고 추모할 기회를 갖게 한다는 점. 둘째, 성묘는 유족들이 산소(山所)의 분묘(墳墓)가 잘 조성되었는지를 살펴 확인하고 묘소를 통한 한 혈족의 의미를 되새기며 별세인도 정신적인 한 가족으로 존중하게 되는 뜻을 담고 있다는 점. 셋째, 유족들이 고인의 별세한 현실을 무덤 앞에서 실감하고 인생의 무상성(無常性)에 대한 신앙적인 의미를 찾으면서 자신을 성찰하고 고인의 생존 시에 남긴 신앙의 행적과 덕을 기리며 골육들의 상호 위로와 결속을 다짐하는 계기를 삼게 된다는 점 등이 "장례 후 첫 성묘"의 의미일 것이다.

이러한 관점에서 볼 때 〈성묘〉 자체는 기독교 신앙의 본질적인 행위는 아니지만 이를 통해 고인의 생존 시의 모습을 회상하고 유족들의 혈연관계와 가족의 소중함을 재인식하며 덕담으로 상호 격려하게 되는 윤리적 의미가 있는 것이다. 그러나 "삼우제"와 관련된 〈3일 만에〉라는 말은 장례마감 후 세 번째 제사인 〈삼우제〉를 지내는 유교적인 관례에서 비롯된 것이므로 굳이 그 날짜에 맞춰 성묘할 필요는 없는 것이다. 다만 신앙적 재량과 윤리적 관점에서 편리한 날짜를 잡으면 될 것이다.

　따라서 "3일 만에" 〈삼우제〉로 무덤을 찾는 행위와 그 정신은 성경정신으로 여과해야 하고 이교적인 제의 제도에 뿌리를 둔 제사의 개념은 기독교적인 내세관과 신앙이념으로 검증하여 고인의 무덤을 단순하게 성묘(省墓)하는 문화양식으로 이해해야 한다. 그리고 묘소에 가족이 둘러 앉아 예배하므로 성묘정신을 승화하고 공식적인 명목은 〈장례 후 첫 성묘〉라고 하되 〈삼우제〉란 제의명칭은 쓰지 말아야 한다.

「할렐루야」라는 말 남용을 삼가야 한다

교인들이나 목회자들 중에서 〈할렐루야〉라는 말을 부적절하게 남용(濫用)하는 사례가 있는데 이는 삼가야 한다. 본 주제에 대해서는 이미 부분적으로 언급한 바가 있으나 흔히 남용되고 있는 예를 들면 첫째, 교회와 교단들의 각종 공문서와 서간문(書簡文), 안내장 및 초대장의 머리글에, 둘째, 교인들과 목회자들이 사람 대면할 때 인사말투로, 셋째, 강단에서 초청 설교자를 소개할 때 회중들이 환영하는 인사말로, 넷째, 설교자가 청중의 반응과 시인 (是認)을 유도할 때, 다섯째 기도말의 시작 첫 대목 등에서 〈할렐루야!〉로 시작하는 것은 이 말의 참 뜻과 그 사용사례를 성경에 비추어 볼 때 원칙적으로 적절하지 못한 사용이다.

성경에서 〈할렐루야〉(시135:3, 147:1)라는 말은 히브리어를 음역한 말로써 "여호와를 찬양하라" 또는 "주를 찬양하라"(시104:35)는 뜻을 가진 말인데 "찬양하라"는 뜻의 〈할렐루〉와 "여호와"의 호칭인〈야훼〉가 합성된 말로서 주로 시편에(시104:35, 105:45, 115:18, 117:19, 106:1, 48, 111:1, 112:1, 113:1) 나타나 있다.

그리고 신약에 4회(계19:1, 3-4, 6)와 구약에 23회가 나타나 있는 이 말은 시135:3과 147:1절을 제외하고는 대부분 예배에서 감탄사로 사용하여 불렀으며 회중에게 여호와를 찬미할 것을 호소하기 위해 쓰기도 했는데 특히 회당 예배에서 주로 그 역할을 했고 시113, 115, 116, 117편 등에서는 유월절, 오순절, 초막절 그리고 수전절(修殿節)(요10:22)에 할렐루야로 찬송되었으며 안식일에는 시135-136편을 찬송하고 시145편은 아침 예배에 불렀다. 이러한 점에서 볼 때 할렐루야〈하나님을 찬양하라〉에서〈찬양〉은 영광과 존귀를 하나님께 돌리는 것으로 하나님의 광대하심과 섭리사역에 대한 응답으로서 참된 경건의 주된 요소이며 하나님께서 마땅히 받으실 송축인 것이다(시67:3-5, 117편). 또한 그의 아름답고 훌륭한 것을 기리고 드러내는 것이므로 인간뿐만 아니라 모든 피조물로부터 찬양을 받으시기에 합당하신 분이시며, 신·구약의 모든 백성들로부터 그의 구원사역에 대한 찬양도 함께 받으셔야 한다(시107편, 렘20:13, 약5:13). 본질적으로 이 찬양은 하나님께만 적용되는 예배의 요소이므로 그의 백성들의 현재적 삶의 목적은 그를 찬양하는 데 있다(엡1:11-14, 히13:15).

이러한 관점에서 〈할렐루야〉는 존엄하신 여호와를 향하여 그의 백성 된 인간이 취할 수 있는 최고의 가치요 최고의 경배사상을 담은 신령한 언어인 것이다. 따라서 〈할렐루야〉를 서한문과 공문서 및 안내장 그리고 사람을 대면하거나 환영할 때 인사말 대용(代用)으로 쓰거나 기도의 첫 머리에 무분별하게 사용하는 것은 신앙원리에 대한 오해이며 신앙정절의 훼손이요 하나님께 대한 불경이다. 그러므로 이 말은 신상(身上)적인 교감용으로, 충동적 구호(口號)로, 신앙적 언어의 채색(彩色)용으로 쓰지 말고 하나님을 높이 기리는 음악적인 송영행위에서 격조 높은 영적 언어로 사용해야 한다.

바른 말 바로 쓰기

교회 직분자를 「내가 세웠다」라는 말 옳지 않다

　　목회자(목사)들 중에서 시무중인 교회의 직분자 장로, 집사, 권사를 〈내가 세웠다〉라든지 또는 시무사임된 목회자가 재임하던 교회에 시무 중 임직한 어느 장로와 집사를 "내가 세웠다"는 말을 하는 사례가 있는데 이는 합당치 않는 표현이다. 성경에 나타난 사례 중에는 지도자가 그 직권으로 직분자를 직접 자벽(自辟;appoint)으로 임명한 경우가 있다. "모세가 백성들의 관리를 분담키 위해 천부장, 백부장, 오십부장, 십부장 등을 임명한"(출18:21) 사실과 "여호수아가 이스라엘의 지파 중 매(枚) 지파의 3인씩 선정한"(수18:4) 사실이 있으나 이것도 그 근본적인 취지는 하나님의 뜻에 있음을 보아야 한다. "사람이 제비를 뽑으나 일을 작정하기는 여호와께 있느니라"(잠16:33)고 한 말씀의 뜻을 원용(援用)하여 주목할 필요가 있고 선민 지도자의 공적 행위의 정신적 배경은 언제나 하나님의 뜻과 무관하지 않다.

그리고 성경에는 큰 직분들을 하나님께서 〈세우신〉 것으로 기록되어 있는데 구약에는 〈모세〉를 세우시고(출9:16), 왕을 세우시고(신17:14-15, 삼상10:1), 선지자를 세우시고(신18:15, 18), (행3:22), 제사장을 세우셨다(히7:28). 신약에서도 사도와 선지자와 교사를 세우시고(고전12:28, 엡4:11, 막3:14, 딤전2:7, 딤후1:11), 각 성에 장로들을 택하여 세우셨다(딛1:5). 그리고 하나님은 예수님도 믿는 도리의 사도로, 대제사장으로 세워 충성케 하셨다(히3:1-2). 초대교회도 사도들이 집사를 세우되 사사로이 임명하여 세우지 않고 회중들의 공론을 좇아 안수하여 세웠다(행6:3). 이렇게 교회의 제 직분과 지도자는 본질적으로 하나님이 직·간접적으로 세우시는 것이다. 여기에서 〈세운다〉는 말은 "어떤 구실을 맡게 하다"라는 뜻인데 그 근원은 인간의 필요와 주관적인 의지에 있지 않고 하나님의 섭리와 교회의 율령에 있으며 객관적인 제도와 교훈에 의존하는 것이다. 그리고 교회직분은 본질적으로 은사적인 관점에서 해석되고 이해되어야 한다(엡4:11-16). 은사의 근원은 하나님이시고 그의 필요에서 인간에게 주어지는 것으로서 교회의 직분은 이 은사와 깊은 관련을 가지게 된다.

따라서 목회자(목사)가 직분자를 세운다는 말은 교회의 사역자로서 임직에 관하여 행정과 치리적 신분인 당회장의 직무로 모든 임직을 하나님의 뜻과 계시적 교훈과 공교회의 규례를 좇아 절차상의 수종(隨從)자로서 집행과 주장(主掌)을 할 뿐이다. 그러므로 목회자 자신이 임직자를 〈내가 세웠다〉라는 말은 직능적 우월감 표출이요 교회의 머리되시는 예수 그리스도에게 연합된 교회의 신성적 질서의 훼손이며 목사의 목회적 직무 본질에 대한 그릇된 관점에서 비롯된 성직권의 오만으로 오해 될 수 있다. 교회의 제직은 하나님의 경륜을 좇아 그의 백성들이 그의 뜻에 합의한 자인가의 여부를 신앙적 행위를 통하여 검증하고 회중에 의해 선택된 자를 의식으로 세우는 원리적 과정의 결과인 것이다. 따라서 장로, 집사, 권사를 〈내가 세웠다〉라는 말은 주의 뜻을 좇아 〈교회가 세웠다〉라는 말로 바로 잡아야 한다.

바른 말 바로 쓰기

기도문, 사도신경을 「외우겠습니다」라는 말은 고쳐야 할 말이다

　목회자들 중에는 예배순서를 진행하는 과정에서 "주기도문을 외우므로 예배를 마치겠습니다"라든지 "사도신경을 외우므로 신앙고백을 하겠습니다"라고 표현하는 인도자가 더러 있는데 이는 불합당한 말이다. 이 〈외우다〉라는 말은 "글이나 말을 마음에 새기고 기억하여 그대로 표현하다"라는 뜻을 가진 말이다. 그렇다면 주기도문과 사도신경은 외울 만큼 마음에 새겨 기억도 해야 하지만 이 양자는 기독교의 본질을 담고 있어 기도의 표본과 신앙고백의 전형으로 삼아 외우는 요식행위가 아닌 그 정신을 생활화하고 신앙화를 해야 한다.

　그리고 이 〈주기도문〉은 주님이 가르쳐 주신 기도의 모본이요 신경(信經) 역시 신앙고백의 근본적 핵심원리를 담고 있어 외우는 차원이 아니라 기도 그 자체와 고백 그 자체로서 성령님과 영교의 중심요소가 되고 있다. 또한 이는 변증(辨證)과 교육적 자원의 충분성과 참된 교회상 구현의 토대가 될 신앙의 내용이 성경 속에서(고전15:3 이하) 싹트고 있었고 이것을 고백한 신앙의 터 위에 세워진(마16:16, 18) 역사적인 교회는 주기도문과 신경을 외 우는 형식이 아닌 참 신앙의 내용과 높은 영적 가치로 삼아야 한 다.

그리고 사도신경이 형성된 역사적 과정의 개요를 보면 신경이 처음 채택된 것은 BC 325년 〈니케아 종교회의〉때였으나 〈콘스탄 틴 노플 회의〉(BC 381), 〈에베소 회의〉(BC 431), 〈칼케톤 회의〉(BC 451) 등을 거쳐 완성된 것인데 당시 이 신조(信條)가 만들어 져야 할 필연성은 〈헬레니즘〉과 결합된 영지주의, 〈성령체험〉과 결합된 몬타니즘, 이단 마르시온(AD 84-160) 등에 대한 대응적 방 편으로 작성된 신앙에 관한 선언이다. 특히 〈마르시온〉은 구약의 하나님은 전쟁 수행자로 잔인 가혹하고 신약의 하나님은 예수님 을 통한 사랑의 하나님으로서 이 둘은 모순된다고 하여 구약을 부 정하는 주장을 했는데 이를 방어 대안으로 신조가 제정된 배경을 가지고 있고 또한 세례식 고백문으로도 사용했던 것이다.

이렇게 볼 때 〈사도신경〉은 오늘날 같이 탈 교리적 이단 사설 이 난무하고 참된 성경주의가 흐려지는 때에 교회사적 전통이나 종교적 유산과 신앙선진들의 기념비적인 자취 정도로 기억 수준 에 머물러 참 신앙의 고백적 반추(反芻)없이 의식(儀式)에 구색

(具色) 갖추기식 외우는 정도로 치부해서는 안 된다. 그리고 〈외우다〉라고 할 때 무속종교의 주문(呪文)과 불교의 경문(經文)을 외우는 것에 모방표현으로 오해될 수 있음을 또한 유의해야 한다. 주기도문과 신경은 우리의 진정한 신앙의 내적 확신의 표증(表證)과 고백의 모형이 되어야 하고 〈외우는〉 것이 아니라 신앙의 영적 자원과 생활이 되어야 한다. 참된 기도는 응답자가 중심인데 그것을 외울 때는 기도자가 중심이 된다. 따라서 교회는 〈주님이 가르쳐 주신 기도를 하자〉는 말과 〈사도신경으로 우리의 신앙을 고백하자〉는 표현을 해야 하되 외우자는 말을 곁들이지 않는 교인에 대한 교육적 모본을 바르게 세워야 한다.

바른 말 바로 쓰기

기도 말에 「귀한」백성, 「귀한」 ○○ 님 등의 지칭 옳지 않다

공중기도 때나 기타 남을 위한 도고 때 기도인도자의 기도 말에서 "하나님의 귀한 백성들" 또는 "주의 귀한 사자님, -목사님, -장로님" 등으로 표현하는 말은 적절하지 않다. 〈귀한〉이나 〈-님〉으로 표현되는 말은 사람이 사람을 대상으로 경칭을 써야 할 관계에서 윤리적으로 표현할 수 있는 말일 수 있으나 사람이 하나님을 대상으로 기도하는 말에서 제3자를 지칭할 때 〈귀하다〉라고 고하는 말은 몇 가지 이유에서 부적절하다. 첫째, 기도의 대상은 오직 하나님이신데 기도의 말에서 지칭되는 사람을 의식하면서 하나님께 사람을 미화하여 표현하는 것은 불경스럽다는 점, 둘째, 기도의 대상이신 하나님은 〈만군의 주〉(약5:4, 롬9:29, 시69:6), 〈만왕의 왕, 만주의 주〉(딤전6:15, 계17:14), 〈지존하신 자〉(시47:2, 97:9), 〈엄위하신 자〉(시111:3), 〈지극히 높으신 자〉(시7:17, 사14:14)이신데 그에 대하여 기도자와 도고(禱告)에서 지칭된 자의 종교적(영적) 신분은 누구를 막론하고 죄인이며(눅18:13, 롬5:19,

딤전1:15), 지극히 천한 자(단4:17, 고후7:6, 시79:8, 고전1:28, 애1:11)로서 감히 〈귀한〉이라는 말로 형용하여 적시(摘示)할 수 없다는 점, 셋째, 기도자의 신앙적인 자세는 겸비하고 죄인 된 처지임을 고백해야 할 기도 말에서 도고내용에 해당되는 자를 찬하(讚賀)하여 아뢰는 것은 절대 거룩하신(레11:44) 하나님을 숭경(崇敬)하는 기도 말이 못 된다는 점, 넷째, 모든 기도는 하나님과 수직적 관계에서 감사와 간구와 고백인데 그 기도 말을 사람이 들을 것을 상정(想定)하여 표현하는 것은 기도의 영적 질감(質感)이 훼손된다는 점 등이다.

예배와 기도는 신앙행위에 중심축으로서 종교적 소원성취를 위한 주문(呪文)식 기원이 아니라 회개를 통한 속죄의 은혜를 구하여 하나님의 거룩한 성품에 연합코자 하고 그의 선한 경륜을 자신의 삶을 통하여 이루어지기를 간구하는 것이 기도의 정조(情操)인 것이다. 그런데 기도에서 더러는 사람을 예찬하는 조와 어느 정도 할 도리를 하고 있다는 식과 공적의 나열, 주를 위한 최선의 것을 하고 있다는 것이나 또는 개인의 사람 됨됨이를 평설(評說)적으로 아뢰어 당연히 하나님으로부터 구함의 내용을 받을 자격이 있기라도 한 듯이 고하는 것은 도고의 참 정신이 아니다. 모든 기도는 하나님의 자비와 용서를 구하며 그것을 주목해야 한다. 그리고 어느 회차(回次)에서 이미 언급했듯이 기도에서 도고의 내용에서 지칭되는 사람의 이름 밑에 존칭접미사 〈님〉을 붙이지 않는 것이 하나님을 향한 바른 태도이다. 사람의 상정(常情)에서도 윗사람에게 아랫사람을 지칭할 때는 〈님〉자를 붙여 아뢰는 것은 큰 실례로 간주하는 것인데 하물며 지극히 높고 높으신 하나님께는 더욱 삼가야 할 말이다. 택한 백성 모두는 그 영적인 신분이 하나님 앞에 죄인인데 존칭을 써서 고할 수는 없는 것이다. 따라서 기도 말에서 사람을 미화수식하거나 존칭 〈님〉자를 붙여 하나님께 기원하는 것은 기도 말의 본령(本領)이 아니므로 〈귀한〉이나 〈님〉을 붙여 표현하는 것은 삼가야 한다.

교회 용어 바로 쓰기

「새 술」은 「새 포도주」로, 「박사 세 사람」은 「동방 박사들」로 해야

다른 주제에서 언급한 바 있는 성경본문의 음절을 첨삭(添削)하거나 그 의미를 유추(類推)해서 말하는 사례가 있는데 이는 삼가야 한다. 예를 들면 막2:22의 말씀에는 "새 포도주를 낡은 가죽부대에 넣는 자가 없나니 … (중략)… '새 포도주'는 새 부대에 넣느니라"라는 말씀에서 〈새 포도주〉를 〈새 술〉로 변형하여 인용하는 것은 옳지 않다. 이 경우와는 다른 뜻으로 사용된 구약성경(NIV), 사49:26, 삿9:13에는 우리말 성경에 〈새 술〉로 번역된 말씀도 본래 〈포도주〉로 번역되는 와인(wine)으로 기록되어 있다. 특히 막2:22은 분명 〈새 포도주〉로 기록되어 있는데 "새 술은 새 부대에"로 잘못 인용하고 있다. 물론 술과 포도주는 사물의 성질로 보아 양자가 같은 양조(釀造)과정을 거쳐서 주정(酒精)을 함유하고 있는 동질성을 가지고 있다는 관점에서 포도주를 술로 표현할 수 있을지는 모르나 어원적인 개념에서 혼용될 수 없는 것이다. 사전(辭典)상으로 보면 포도주는 와인(wine)으로, 술은 alcoholic drinks(rice wine)으로 표현하여 제조의 원료의 차이점과 문화적 관점에서 포도주는 음료적인 개념이 있으나 술은 주정(酒精)을 담은 취증료(醉症料)로서 해독성의 개념을 가지고 있는 것이다. 언어란 비록 어떤 두 말이 그 의미구조가 같다고 해도 언어의 표현양식이 다른 형태소(形態素)의 차이점은 결국 문화적 위치가 달라지는 법이다. 따라서 포도주는 포도주일 뿐이지 굳이 술로 어형(語形)을 바꾸어 표현할 필요는 없는 것이다. 〈새 포도주는 새 부대에〉로 해야 한다.

그리고 마2:1에 "헤롯 왕 때에 예수께서 유대 베들레헴에서 나시매 '동방으로부터 박사들이' 예루살렘에 이르러 말하되"에서 동방으로부터 온 박사들(옛 페르시아 승족;Magi)을 〈동방박사 세 사람〉이라고 표현하는 것 역시 음절 가감(加減)이요 의미 유추이다. 성경에는 〈세 사람〉이라는 말은 기록되지 않았다. 황금(그가 왕이심, 권력을 나타내심)과 유향(그의 신성을 나타냄)과 몰약(그의 죽음을 의미함) 등의 보배합을 열어 제각기 왕권과 구원을 상징하는 각각의 예물을 나누어 바친 세 사람일 것으로 유추한 것이다. 성경적인 근거 없이 기록에 의하면 예물이 셋이니 박사도 셋이라고 주장하는 것은 알렉산드리아의 신학자 〈오리게네스:185-254〉라는 사람의 의해서다. 〈라벤나〉에 소재한 성〈아폴리나레 누우보〉교회의 그림에서는 동방 박사들의 이름이 〈카스파르〉, 〈발타사르〉, 〈멜키오르〉 등이었다고 밝히고 있다. 이러한 추측 기사에 의하여 동방 박사는 세 사람이라고 오늘 날까지 관습적으로 그 숫자를 사용하고 있는데 이는 허구이며 〈박사들〉이라는 복수적인 표현과 세 종류의 예물에서 수(數)의 개념을 유추한 것으로 보아진다. 시정해야 할 말이다. "내가 너희에게 명하는 말을 너희는 가감(加減)하지 말고 내가 너희에게 명하는 너희 하나님 여호와의 명령을 지키라"(신4:2)는 말씀과 "내가 너희에게 명하는 이 모든 말을 너희는 지켜 행하고 그것에 가감하지 말지니라"(신12:32)라는 말씀을 유념하고 성경말씀의 신적 권위를 음절의 가감이나 의미의 유추로 훼손하는 일은 삼가야 한다.

「예배를 돕는 성가대」라고 지칭하는 기도 말 옳지 않다

공동예배 때 기도인도자의 기도 말에서 "예배를 돕는 성가대 위에 하나님의 은혜를 베풀어 주옵소서"라는 대목 중에 〈예배를 돕는 성가대〉라는 말은 예배원리상 적합한 표현이 아니다. 이 말은 예배를 위해 찬양대원들이 찬양 곡을 열심히 준비하여 예배순서를 역동적으로 담당함으로써 예배를 아름답게 구성하게 된 것에 대해 그 고마움을 축복하는 것이라고 이해할 수는 있으나 이는 몇 가지 이유에서 부적절하다. 첫째, 예배는 하나님이 예배자를 향한 임재적인 요소와 예배자가 하나님을 향한 응답적인 요소가 상호 영적인 교감(交感)을 통해 이루어지는 것이므로 예배를 구성하는 모든 요소(순서)는 각각의 독립된 경배의 의미를 가지게 되는 것이다. 그러므로 '예배를 돕는다'는 보조적인 행위로 규정하여 표현하는 말은 옳지 않다. 둘째, 찬양대(성가대)가 찬양하는 예배행위는 그들도 예배의 수행자로서 순서에 따라 송축행위를 온전히 실천하여 예배를 하는 자이므로 예배를 돕는 수준의 역할이 아니라 예배의 주역이 되는 것이다. 셋째, 이미 본고 3회(回)에서 논급한 바 있지만 〈성가대〉라는 말을 음악의 성격을 구별한다는 분리 개념을 전제하고 세속적인 대중음악 범주의 속가(俗歌)가 아닌 거룩한 송가(頌歌)를 부르는 대원이란 뜻에서 지칭한다면 그것은 윤리적이고 문화적인 의미 그 이상의 뜻을 가진 표현이라고는 볼 수 없다.

그러므로 성가대는 당연히 찬양대라고 지칭해야 한다. 찬양대란 하나님께서 예수 그리스도를 통해 인류구속의 위대한 구원역사를 이루신 그 무한하신 사랑의 은총에 감사하여 그를 송축하고 기리며 찬송을 통해 영광을 돌리는 종교적 행위를 하는 대원이기 때문에 예배의 기능적이고 봉헌적인 표현으로 〈찬양대〉라고 표현하는 것이 옳은 것이다.

넷째, 예배 신학적으로 모든 예배는 하나님만이 유일한 대상이므로 예배순서가 어떤 구성요소로 배치되었든 예배의 한 요소가 다른 어떤 요소에 예속(隸屬)되거나 보조하는 순서는 있을 수 없으며 예배의 처음 순서에서부터 예배를 마감하는 모든 순서가 각각의 독특한 예배적 요소를 지니고 하나님의 영광에 초점을 맞추어 경건의 작용을 하는 것이므로 언제나 하나님과 수직적인 관계에서 그 의미를 가지게 되는 것이다. 따라서 모든 기도 인도자는 예배를 돕는 행위와 예배를 위한 준비행위, 이를테면 조명과 냉난방 시설의 점검, 헌금함의 위치 확인, 주보의 배부, 좌석의 안내, 헌금봉투의 비치, 음향시설의 점검 등이 예배를 돕는 행위가 될 수 있음을 바르게 지각하고 기도 말을 구성해야 할 것이다.

그러므로 찬양대를 위한 기도라면 "성령님이시여 오늘 우리의 예배순서 중에 하나님을 특별히 찬양할 찬양대원들에게 구원의 감격을 주사 아름다운 마음과 노래로 하나님을 높이 찬양하게 하시고 이들에게 은혜를 더하여 주시며 우리 모두가 그 찬양에 합심하여 화답하게 하옵소서"라는 의미를 담은 표현으로 기도 말을 선택할 수 있을 것이다. 모든 예배순서는 조화(調和)적 상호 의존성은 있으나 차등적인 보조기능은 없는 것임을 이해해야 한다.

「말씀축제」라는 말 부적절하다

흔히 교회에서 성경말씀을 중심한 특별집회나 신앙강좌의 표제어를 「말씀축제」나 「새 생명축제」라는 말로 표현하는 사례와 최근에 기독교방송국 개국 제9주년 기념 특강을 「2004, 말씀축제」라는 행사표제어로 홍보하는 자막글을 연속 방영하는 사례를 볼 수 있었는데 이는 부적절한 말이다. 이 〈축제〉라는 말 쓸 수 없다는 것은 이미 본고 32회분에서 논급한 바 있으나 가장 표준된 말과 신앙적으로 검증된 용어를 사용해야 될 대중적인 영향력이 큰 선교방송 매체에서 「축제」라는 비기독교적 용어를 사용하는 것은 합당치 않기에 재론코자 한다. 이 〈축제〉라는 말은 성경적인 근거가 없을 뿐만 아니라 그 용어 자체나 내용이 이교적이어서 기독교 문화양식 범주에서 치부될 수 없는 말이다. 이 말은 일본인들이 서양인들의 문화용어인 경축, 잔치, 축일의 뜻을 담은 celebration이나 festival과 같은 행사를 보고 자기네들의 조상신을 섬기는 민속제인 묘제(廟祭)를 사당(祠堂)에서 지내는 가무(歌舞)

를 겸한 제의(祭儀)형식과 유사함을 도입하여「축제」라는 말로 바꾸어 사용하는 일본사전상의 신조어(新造語)인데 이를 한·일 국교 후 문화교류로 인한 대학가와 교회의 청년활동에 유입되어 교회행사에 여과 없이 사용되었다. 따라서 〈축하하여 제사를 지낸다〉라는 이 말은 〈묘문제례행사〉의 이교(異敎)적 민속문화의 산물이므로 하나님의 영광과 성결성을 정신적 배경으로 하는 기독교행사에는 결코 쓸 수 없는 용어이다.

그리고 이 축제의 시원(始原)은 신학이나 교회사적 배경과 과정이 전혀 없는 〈삼국유사〉의 〈희락사모지사〉와 〈삼국사기〉의 〈가배일 놀이〉에서 기원되어 노래와 춤 등의 예술적인 행사와 제천의례(祭天儀禮)인 〈부여의 정열영고〉, 〈고구려의 10월동맹〉, 〈예의 무천〉, 〈마한의 제천의례〉 등이 종합예술의 성격을 띤 한국축제(祝祭)의 전형(典型)들이다. 또한 축제의 원의(原義)는 〈액운(厄運)을 없애고 복을 불러 건강을 유지하는 민족의 신앙을 담은 종교적 요소와 예술적 요소가 포함된 제의〉라고 볼 수 있다. 따라서 우리의 축제의 고형(固形)인 〈제천의례〉는 제사 후 음주가무를 즐기는 민속적인 관례와 하늘에 제사하는 종교적 신성성을 추구하는 민족신앙의 종교적 행사였으나 사회구성원의 동질성 공유와 생존욕구 해소 및 문화 복지실현 목적에 의미를 두므로 종교성은 희석되고 약화되었으며 인간의 이성과 합리적 사고에 따라 축제는 축(祝)과 제(祭)가 포괄화된 오락성이 가중된 문화현상으로 나타나고 있다. 창세후 이 〈축제〉라는 행위는 단 한 번도 선민의 삶 속에 없었고 있을 이유도 없었다. 성경적 가치관과 부합되지 않는 이교적인 민속문화와 원시 종교심성과 유희본능이 유착(癒着)된 제의 형태의 미신적 민속신앙의 행위는 분명 비기독교적이므로 성경 말씀을 소재로 한 용어와 〈축제〉라는 말을 결합하여 사용하는 것은 큰 오류라 판단된다. 이 〈축제〉를 경축(慶祝)의 의미를 담아 쓰는 것이라면 이를 〈말씀의 향연(饗宴)〉이나 〈말씀의 경축〉이라는 말로 바꾸고 〈축제〉라는 말 추방하기를 한국교회 앞에 간곡히 제안하는 바이다.

교회 용어 바로 쓰기

솔로몬의 「일천 번제」가 「일천 번」 예물봉헌의 모본 아니다

교인들 중에는 매주일 공동예배 때 예물봉헌을 솔로몬의 〈일천 희생〉의 번제를 행한 사건(대하1:6)을 자신의 예물봉헌의 지성(至誠)의 모본을 삼고 이를 인용하여 일천 번의 예물 봉헌을 작정하고 봉헌회수를 누적해 가면서 하나님의 감응을 기대하는 사례를 볼 수 있는데 이는 몇 가지 면에서 적절하지 않다. 첫째, 솔로몬 왕의 일천 희생 번제의 정신적 배경은 솔로몬이 왕위 즉위(왕상1:39) 후 통치를 개시하면서 하나님께 번제한 것은 다윗왕의 확고한 신앙심의 계승과 신정(神政)국가의 정통성을 인정하고 그 면모를 갖추기 위해 전 국민(회중)이 함께 번제를 드림으로(대하 1:3-6) 〈이스라엘〉의 신앙공동체와 민족공동체의 정체성 및 왕권의 확립을 도모하는 정교일체(政敎一體)의 신정(神政)이념을 나타낸 것이었다. 둘째, 부왕인 다윗의 신앙심과 왕위 계승에 대한 하나님께 큰 감사와 신정국가로서 선민의 바른 치리를 위해 신의 도움을 기대하는 종교적인 염원을 나타내었다. 셋째, 솔로몬의 일천 번제는 천 번(千番)의 회수의 번제가 아니고 일천 마리의 제물(Hammond의 설) 즉 많은 제물을 한 기간(일주일 기간 설) 단위의 제의행사로 거행하여 솔로몬이 하나님을 향한 정성과 헌신, 그리고 인내의 신앙심이 지극함을 보여 준 포괄적인 종교행위였다. 넷째, 일천 희생의 번제가 가진 포괄적인 정신을 현대교회의 예물(헌금)봉헌에 원용(援用)할 간접성은 있겠으나 그것이 일천 번 헌금할 직접적인 사상과 교훈을 담은 모본으로 볼 수는 없는 것이다. 다섯째, 일천 번제물을 양적으로 보지 않고 일천 회수(回數)로 보고 수치적 봉헌 회수의 누적을 통한 공적을 쌓아 하나님의 보상을 도모하는 공리적 동기가 있다면 이는 일종의 기복(祈福)행위요 공리주의가 될 수 있다. 여섯째, 일천 번의 봉헌행위가 일천 번제의 모방이라면 불교도의 백일불공이나 천일기도와 방불한 지나친 모형론에 빠질 위험이 있다.

그리고 모든 신앙의 행위를 수량적으로 계수(計數)하여 공적화(功績化)한다는 것은 진정한 영성적인 신앙으로 볼 수 없다. 헌금의 기본적인 의미는 보상에 있는 것이 아니라 받은 바 은혜에 감사와 구원받은 자신을 하나님의 것이라는 자기양도(自己讓渡)적인 표상으로 신앙심을 구현하는 것이며 하나님의 실존을 실천신앙으로 확인하는 것이고 용도를 통한 하나님의 사랑을 삶의 현장에 구체화하는 방편이 되는 것이 헌금인 것이다. 교인의 헌금은 한시적 정액(定額) 봉헌으로 끝나는 것이 아니라 하나님의 사랑의 지속성만큼이나 개개인의 신앙일생에 실천 문제이지 내적 감화가 없는 형식적인 목표를 정하여 의지로 결단할 성질의 것이 아니다. 그리고 일천 마리의 제물이라면 오늘의 화폐 단위로 그 수량을 산정(算定)할 수 있거나 한 마리의 제물을 일회의 예물봉헌과 상계(相計)될 수 없는 일이다. 따라서 일천 번제물을 일천 번의 제사로 오해하여 일천 번의 헌금으로 재현하는 기복적 신앙 추구는 구속계시의 본질적인 의미를 훼손하는 것인즉 지도자들은 이를 바르게 인도할 필요가 있다.

교회 용어 바로 쓰기

「영안실」(靈安室)은
「병원 장례실」로 표현해야

별세한 신자의 시신(屍身)을 발인(發靷) 때까지 병원에 일시 보관하는 장소를 〈영안실〉이라고 흔히 표현하는데 이는 성경의 정신과 기독교 장례문화에 부합되지 않는 말이기에 시정해야 한다. 물론 기독교적인 장례의식 문화의 고유한 통전성(通典性)의 전형(典型)이 전통화되지 못한 오늘의 교회들은 교회의 개성을 담은 장례의식과 이와 관련된 용어가 기독교화 된 바가 없기에 무조건 대안(代案)없는 폄론(貶論)은 삼가야 할 일이나 그렇다고 불교나 유교적인 풍습과 관행을 그대로 모방 변형하여 응용하고 있는 현실은 자괴감(自愧感)마저 들게 한다. 이 영안실은 시신을 보호자나 유족에게 인계하기 전까지 병원이나 기타 장소에 안치(安置)해 두는 방(시신 보호실) 또는 시신을 장례 시까지 병원에 보관하여 모시는 곳(시신 보관실)으로서 이곳을 일반적인 장례문화와 관련하여 〈영안실〉이라 지칭하고 있다.

이를 기독교적인 관점에서 볼 때 별세교인의 영혼은 하늘나라로 부름을 받았으므로(행7:59, 마27:50) 시신만을 묘실에 안장(安葬)하기 위해 냉암(冷暗)실에 잠시 머물게 된 '시신 보호실'을 마치 별세인의 영혼을 안치하고 있는 듯한 용어로 지칭할 수는 없는 것이다. 이 영안실은 불교나 유가(儒家)에서 "죽은 사람의 영혼을 모시는 방"이라는 뜻을 담아 쓰고 있는 말이다. 별세교인의 영혼은 죽은 시신과는 상관없이 하늘나라로 갔고 영혼이 떠난 시신을 입관하여 발인까지 보관하는 빈소(殯所)가 있을 뿐인데 이것도 유가(儒家)에서는 별세인의 위패(位牌 ;절이나 단(壇). 묘(廟). 원(院)에 안치하는 신주(神主)의 이름을 적은 위판(位版)을 안치(安置)한다는 곳이므로 장례 또는 제의용어일 뿐, 교회용어는 아니다. 설혹 별세 인을 존중하는 뜻으로나 "별세인의 영혼을 모신다는 뜻으로 그 영혼이 영안실에 머물러 유폐(幽閉)되어 있다"고 말하는 것이라면 교인의 사후(死後) 내세관과 배치 될 뿐 아니라 영혼구원론과도 부합하지 않는 말이 되는 것이므로 이를 기독교적으로 고쳐 써야 할 것이다.

　장례(요19:40)와 관련된 용어 중에 '사망', '영결식', '명복', '저승세계', '삼우제', '미망인', '소천', '관을 향한 절', '향로', 등에 대해서는 이미 논급한 바 있었으나 이 〈영안실〉 역시 신앙정신에 불 합치하여 시정을 해야 하되 그 대안(代案)으로, 사실적 표현으로는 〈시신보호실〉, 〈시신 안치실〉로 해야 하고 완곡(婉曲)하게는 〈병원 장례실〉 또는 〈병원 장례식장〉 등으로 표현하는 것이 기독교 문화와 성경정신에 배치되지 않을 것이다.

말이란 사람의 사상과 감정과 내적 인격을 담아내는 음성매체로서 표현된 대로 인식에 호소되어 개념을 형성하게 된다. 착오된 말은 사물의 해석과 이해를 그르치게 되고 착오된 개념을 가지게 되어 그릇된 행동양식으로 발전하게 된다. 따라서 성경정신에 어긋난 교회용어와 특히 이교적, 미신적, 민속적인 언어는 오직 하나님만을 주목하는 신앙정절을 위해 반드시 갱신되어야 한다. "경우에 합당한 말은 아로새긴 은쟁반에 금 사과니라"(잠25:11).

교회 용어 바로 쓰기

교회 연합체 지도자의 「계급적 칭호」 삼가야 한다

　한국교회 일부 지도자들이 교회활동을 위해 연합체 기구를 조직하고 고문, 대표고문, 상임고문, 총재, 명예총재, 상임총재, 실무총재, 공동총재, 회장, 대표회장, 명예회장, 상임회장, 공동회장, 그리고 부총재, 공동부총재, 실무부회장, 상임부회장, 지도위원, 사무총장, 상임총무, 이하 여러 하위직급 등의 직제의 구성이 지나치게 비대할 뿐 아니라 수직적 계급체제로 서열화하여 역할은 분장(分掌)되지 않으면서 명예로 직분을 배분한 인상이 짙다. 기독교공동체 형성에 필요한 조직문화의 불가피성을 감안하더라도 지나친 직제의 나열이 과연 단체의 기능을 위함인지 체면과 명예를 위함인지 의문스럽다. 실제의 역할이 없음에도 불구하고 호화스런 직위를 분담하여 언론매체에 대형광고를 게재해 많은 사람들의 이목을 유인(誘引)코자 함은 실로 부끄러운 일이다. 어떤 연합체이든 조직이 구성되면 대표자는 회장 하나로 족하고 그 회(會)의 목적을 위해 사업규정에 예시된 직제별 직능을 분업화하고 계통적인 사무결재과정을 통해 회장이 재가(裁可)하거나 규정에 따른 회의적 기능으로 결의과정을 거쳐 업무를 수행하는 것이 일반적인 상식이다. 그러나 작금에 우리 기독교 일각에서는 봉사를 통해 그리스도의 정신을 구현할 목적으로 조직된 기구의 직제가 봉사보다는 오히려 자기 현시(顯示)적인 것에 치우침을 볼 때 안타까운 생각이 든다.

'총재' 라는 직책이 봉사의 직무를 위한 직위인지 명예를 현양(顯揚)하기 위한 직위인지 이해하기 어렵고 모임의 대표자는 한 사람이면 될 것을 나누어 먹기 식의 같은 조직 안에 다수의 총재와 회장들이 직제전시회처럼 나열되어 있는 모습은 분명 재고의 여지가 있다. 기독교 단체의 궁극적인 결성이념은 그리스도의 십자가의 위대하신 사랑과 희생, 그리고 겸손한 봉사정신을 구현함에 있어 동지적 공동체의 역량을 결집하여 이를 효율적으로 실천하고자 하는데 그 뜻이 있는 것이다. 그러나 봉사의 주체인 자신을 과시하고 드러내 보이려는 외화내빈(外華內貧)의 모습은 기독교 정신을 왜곡하는 처사라고 볼 수 있으며 기독교적 세계관에 근거한 선하고 정직한 동기가 있었는지 묻고 싶다. 본이 되어야 할 교계지도자들의 높은 지위가 명예욕과 계급의식의 발상에서라면 일반성도들은 그 모습에서 무엇을 배우며 느끼고 있을지, 주님은 또한 어떻게 보실지 한 번쯤 자각해 보았으면 한다. 오늘도 어느 강단에서 "이름 없이 빛도 없이 겸손히 섬기라"고 열변을 토하는 언행상반(言行相反)의 높으신 총재님이 있지 않을까? 예수님은 섬김을 받기보다는 도리어 섬기려 오셨다고(막10:45) 하신 것처럼 교회의 지도자들은 소명정신에 벗어난 명예와 계급개념의 칭호를 사양하고 그리스도의 고결하신 정신을 닮아 존경받기를 기대한다. "서로 마음을 같이하여 높은데 마음을 두지 말고 도리어 낮은데 처하며"(롬12:16), "자기를 높이는 자는 낮아지고 자기를 낮추는 자는 높아지리라"(마23:12), "지도자라 칭함을 받지 말라 너희 지도자는 하나이니 곧 그리스도니라"(마23:10). 자칭 총재님들이여 명예에 연연하지 말고 한 알의 밀알이 됩시다.

「금식 ; 단식」의 종교적 의미

최근 우리사회에 보도매체의 논점(issue)이 되었던 국책사업인 천성산 고속철 터널공사와 관련한 '내원사'(內院寺)〈지율〉여승의 백일단식의 모습을 지켜보면서 몇 가지 석연찮은 생각을 할 수 있었다. 그의 단식 동기는 천성산 늪지대에 서식하는 양서류(兩棲類)인 도롱뇽의 생태계 보존을 위해 공사 중지를 요구하는 저항이었다. 삶의 환경 보존은 인류적인 가치이므로 여기에 이론의 여지는 없으나 몇 가지 지적될 부적절한 점이 있다.

첫째, 종교인의 단식은 종교적 동기와 의미가 충분히 있어야 한다. 그것이 기독교적 입장이라면 성경의 근거를 교훈삼아 '회개를 목적으로'(삼하12:16, 느9:1-2, 삿20:26), '기도응답을 목적으로'(스8:21), '영적 은사를 얻기 위해'(행9:1-3), '시험을 이기기 위해'(마4:2), '육체를 쳐서 복종키 위해'(시109:24), '하나님 앞에 겸비하기 위해'(마6:16-18), '죄를 끊기 위해'(사58:3-6), '평탄

한 길을 간구하기 위해' (신9:18, 삼상7:5-6, 욘3:5-6) 금식을 하는데 이러한 동기가 없이 고행주의나 자학적 금욕주의, 자기의 뜻의 성취, 초인적인 종교력의 과시 등이라면 순전한 단식의 참 뜻은 될 수 없다.

둘째, 불교적 관점에서 지율 여승의 단식은 재속(在俗) 재가(在家)에서 출가(出家)하여 불문(佛門)에 입적한 사신(捨身)으로서 탈속(脫俗)한 수도(修道)자의 본분은 깨달음이나 수행일 것인데 사바탁세(娑婆濁世)의 환경문제에 집착하는 일은 구도(求道) 수행자의 올바른 자세로 볼 수 없다.

셋째, 종교인의 신분으로서 사회적인 관심사를 두고 생명을 담보하여 극단적인 방법으로 대응하는 것은 출가(出家)이전의 속세의 모습 그 자체일 수밖에 없는 종교 이념적 모순에 빠진 점이다.

넷째, 종교인의 단식은 신과 연합을 도모하고 자기성화(정화)의 의미를 지녀야 하는데 종교영역과 직접 관련이 없는 국책사업인 사회간접자본 확충에 관한 일을 두고 한 사람의 종교인이 소위 원력(願力)을 표현한 것은 설득력 있는 처사라고 볼 수 없다.

다섯째, 불교인이라면 법력을 통해서 인간사회에 기여하는 것이 본분일 것인데 존엄한 생명을 버려 자연을 구한다는 가치의 역리(逆理)는 수긍이 되지 않는다. 물론 천성산 늪지대의 생태계 보존이 중요하고 살생유택의 이념적 가치가 귀하다고 해도 고속철도의 개통으로 얻어질 자손만대의 윤택한 삶과 복지를 증진할 공익적인 가치와 바꿀 수가 있겠는가? 그리고 굴착공사로 인한 피해의 개연성(蓋然性)일뿐 검증 없는 우려만으로 국가적 기간산업이 중단되거나 철회 할 명분은 없는 것이다.

모든 종교는 금식(단식)의 필요의 원리와 그 관행을 가지고 있다. 그러나 진정한 종교적 의미를 지니지 못하고 개인적인 목적이나 사회적, 정치적 관심사를 위해 절식(絶食)하는 일은 소영웅주의에 지나지 않는 것이다. 한 개인의 저항에 부딪혀 중단될 만큼 명분이 약한 국책사업은 국가적 권위만 훼손될 뿐 여과할 수 있는 기능이 우리 사회에 과연 없는 것인지 자문해보고 싶다. 모든 종교인은 바른 금식과 의미 있는 단식으로 종교력을 높여야 하며 거기에는 반드시 자기극복과 신앙향상이 전제되어야 한다. 사회적 요구가 오도(悟道)의 영역으로 간주(看做)할 사람은 우리 사회에는 없다.

교회 용어 바로 쓰기

「성직자」를 「노동(근로)자」로 지칭할 수 있는가?

　최근 서울에 어느 큰 교회의 성직자들이 노조를 결성하고 교회에서 노동쟁의를 벌인 일로 교계의 많은 관심과 비판의 의견들이 비등(沸騰)했었다. 과연 '성직자'가 노동자이며 교회를 쟁의의 대상으로 삼은 것이 옳은 일인가? 교회와 성직사회가 세속적 물질가치 영역과의 구분할 기준의 벽이 무너진 것 같아 민망스럽기 그지없다. '성직자'라고 하면 '기독교회에서 성경에 근거한 규범과 교의를 좇아 하나님의 구원사역에 헌신된 자로 봉사하는 성스러운 직무와 직분자'를 말하는 것이고 '노동자'는 '사람이 생활에 필요한 모든 자료를 얻기 위해 육체적 활동을 통한 일을 하거나 체력이나 정신을 쓰는 행위자'를 말하는 것이다. 그렇다면 성직자와 근로자는 각각 다른 상황적 배경에서 그 기능과 신분, 목적에 있어 본질적으로 동류(同類)로 볼 수 없다. 흔히 성직자를 〈나실인;Nazirites〉(민6:2)에 비유하기도 한다. 이 〈나실인〉은 하나님의 특별한 소명을 받아 성별되어 헌신된 삶을 서원한 사람(삿

13:5-7)으로서 금주(민6:3-4), 삭발금지(민6:5), 시체를 멀리할 것 (민6:6-7), 몸의 거룩한 구별(민6:8), 도덕적 정결(암2:11-12) 등을 지키며 엄격한 규율 속에서 살아가는 자인데 성직자의 삶과 정신도 여기에 준한 사람으로, 〈나실인〉의 삶 그 자체와 방불한 것으로 인식하기도 한다. 이에 비하여 노동자는 문화적 영역에서 자기 실현과 성취, 인간의 보편적 가치인 행복을 위해 신성한 노동의 대가를 추구하는 것으로 영적 세계를 추구하는 종교적 영역의 성역과는 구분되는 것이다. 성직자도 보수를 받기 때문에 노동자라는데 성직자의 급여는 교인들이 하나님의 사랑과 은총의 반응으로 자원하여 봉헌한 예물을 구원사역에 수종드는 성역비로 대어 주는 것인 만큼 대가성 보수의 개념이나 노동임금으로 볼 수는 없다. 성직자가 임금과 관련하여 노동자로 규정하는 것은 스스로 영적 지도자이기를 포기하는 행위이다.

그리고 교회의 본무(本務)는 성경에 토대를 둔 특수한 종교정신이 있어 문화적 요구논리와는 구분이 있는 것이다. 십자가의 위대한 정신을 통한 만민구원에 헌신된 사람이 자기 일신상의 이해관계와 문제를 내걸어 그리스도가 머리되신 교회의 신령한 주체를 노사관계로 설정하고 세력화하여 쟁의를 벌이는 행위는 성직자의 본분과 본연을 저버린 처사가 아닌가 한다. 하나님의 교회와 관련된 일을 쟁의의 내용으로 삼는 것은 그 쟁의의 대상이 궁극적으로는 주님이 되신다는 격인데 이는 어불성설이다. 교회의 영적 가치와 신령한 질서는 사랑, 겸손, 화평, 용서, 헌신, 봉사인데 이 가치와 질서가 무너지면 이미 교회는 아닌 것이다. 성역을 노동이나 근로의 차원으로 인식하는 것은 성직을 부여한 하나님의 경륜에 대립하는 것이다. 기독교가 국교가 아닌 조건에서 성직자(목회자)가 노동자 신분으로 자처하는 부작용은 기독교의 본연을 잃게 되며 교회의 본질을 훼손하는 것이다. 성직자의 생존수단은 노동쟁의가 아닌 하나님의 은총과 보호임을 인식해야하고 교회도 성직자의 후생을 최선의 기준으로 도울 때 복을 받게 된다.

교회 용어 바로 쓰기

「송구영신예배」는
「송구영신감사예배」로 해야.

　한국교회가 매년 연말이 되면 한 해의 마지막 날 자정의 시간을 전후하여 묵은해를 보내고 새해를 맞이한다는 '송구영신'(送舊迎新)을 주제어로 예배를 정례화 하여 시행하는데 이 말은 중국 고사성어(故事成語)의 고형(固形)인 '송고영신'(送故迎新)'에서 나온 말을 교회가 도입하여 우리말로 뜻을 새겨 연말연시의 의미를 찾는다. 원래 이 말의 본뜻은 관가(官家)에서 구관을 보내고 신관을 맞이했던 '신·구관 이취임'의 뜻을 담아 쓰던 말에서 유래한 타민족 문화의 뿌리를 둔 말이다. 그리고 이 말은 우리의 무속적 관습인 음력섣달 그믐밤을 새면서 묵은해를 묻고 새해의 운수대통을 기원하던 민속과 결합된 관용어인데 교회가 이 말을 검증 없이 받아 기복신앙과 접목하여 사용하고 있다. 이렇게 이 말은 성경의 근거나 기독교적 세계관을 담은 말이 아니기 때문에 성구 "… 세초부터 세말까지 네 하나님 여호와의 눈이 항상 그 위에 있느니라."(신11:12), "그런즉 누구든지 그리스도 안에 있으면 새로운 피조물이라 이전 것은 지나갔으니 보라 새것이 되었도다."
(고후5:17) 등의 말씀을 원용(援用)결부시켜 기독교적 문화어로
윤색(潤色)하고 재해석하여 사용의 명분을 세워야 한다.

그리고 교회가 시행하는 '송구영신예배'를 교회력에 절기명칭
으로 채택한 바는 없으나 최초의 1887년 12월 31일에 서울의 현
새문안교회(구 정동교회)와 현 정동감리교회(구 벧엘교회)가 연
합으로 예배를 시행한 바가 있어 본래 감리교회에서 먼저 행했던
예배로서 〈존 웨슬리〉에 의해 소개되어 처음에는 '언약예배' 또
는 '언약갱신예배'로 불렸고, 장로교회에서는 개혁교회 최초의
선교사인 〈언더우드〉와 〈아펜젤러〉에 의해 처음 '송구영신예
배'가 시행된 때부터 전파되어 오늘과 같이 정례화 되어왔다. 이
러한 배경과 과정을 가진 '송구영신예배'라는 말에서 신앙적으
로 새기는 뜻은 '지나간 한해를 돌이켜 회개하고 은혜를 감사하
며 하나님이 허락하실 새해를 맞이할 새로운 신앙의 결심을 다진
다는 뜻'을 규정하고 있으나 '송구영신'이라는 '사자성어'(四字
成語) 그 자체가 기독교적인 뿌리에 근거한 말이 아니므로 예배
의 주제어로 정착될 용어를 보완하여 재구성할 필요가 있는 것이
다.

따라서 '송구영신'이란 용어에 신(神)지향적인 숭경(崇敬)의
뜻을 담은 말을 추가해야 예배정신이 발현(發顯)되는 것이다. 단

순히 '송구영신'의 뜻 만으로나 기복적인 절기행사명으로만 표현되어서는 안 된다. 여기에는 반드시 예배의 요소인 '감사'라는 말이 진술되어야 예배의 주제어가 될 수 있다. 예배는 예배외의 다른 주제를 위한 수단이 될 수 없으므로 예배의 중심요소인 '감사'라는 말을 연결하여 「송구영신감사예배」라든지 「새해맞이감사예배」라는 말로 진술되어야 한다. 예배는 종교행사가 결코 아니다. 설혹 특정한 예배의 행사적 주제의 배경이 있다고 해도 궁극적으로는 하나님께 영광이 되는 찬양과 감사가 예배요소의 중심축이 되어야 한다. 그래서 '송구영신감사예배' 또는 '새해맞이감사예배'로 보완하기를 제안코자 한다. 묵은해에도 새해에도 거기에는 감사를 받으실 하나님이 계시기 때문이다.

교회 용어 바로 쓰기

하나님「축복하옵소서」라고 기원하는 말 옳지 않다

한국교회가 '복'과 '축복'이라는 말을 구분 없이 잘못 쓰는 일에 대하여 이미 언급한 바 있으나 그 오·남용(誤濫用)의 정도가 심하여 또 다른 관점에서 재론코자 한다. 목회자의 설교와 기도, 교인들의 대화나 기도에서 '복'과 '축복'의 주체와 적용대상을 성경대로 구분하여 사용하지 않는 것은 큰 잘못이다. 이 말을 성경대로 구분하여 보면 〈복〉은 하나님 편에서 사람에게 주시는 '복' 그 자체로서 구약에서는 "베라카"나 "아쉬레"(Blessing)(창 12:3, 시1:1등)로 표현되고 있고 신약에서는 "마카리오스"($\mu\alpha\kappa\alpha\rho\iota o\varsigma$)(시2:12, 잠8:34, 마13:16등)로 표현되고 있다. 그리고 〈축복〉은 사람이 하나님을 향하여 제3자에게 복을 주시도록 비는 기원적인 행위를 말하는 것으로서 구약에서는 "바라크"(창 14:19, 잠27:14)로, 신약에서는 "유로기아;유로게오"($\epsilon\dot{u}\lambda o\gamma\epsilon\omega$; Blessed)(롬12:14, 고전10:16등)로 각각 표현하고 있어 어원적으로나 쓰인 사례에서 명확하게 구분되어 있는 것이다. 그럼에도 불구하고 이 용어가 성경의 기준과 관계없이 잘못 사용학고 있는 실태는 거의 공해(公害)수준에 이르고 있다. 이 '복'과 '축복'의 용어 특히 '축복'이라는 용어를 성경대로 바로 쓰지 않으면 몇 가지 영적 문제점이 있게 되는데 첫째, 신앙과 삶의 표준이 되는 성경의 계시적 권위를 훼손하여 하나님께 불경(不敬)의 결과가 되고 둘째, 복의 근원자로 복을 주시는 유일신 하나님이 또 다른 절대자에게 복을 비는 격의 복의 기원자(祈願者)자로 설정하는 큰 오류를 범하는 것이며 셋째, 복을 주실 주체자를 기복자로 규정하는 것은 만유(萬有)의 주가 되신 하나님의 신적 역사와 은혜와 복의 주권적 단독행위(마20:15)를 왜곡하는 것으로 하나님 뜻에 합의되지 않아 응답을 기대할 수 없으며 넷째, '복'은 1인칭 당사자가 기원할 수 있는 복 자체이지만 '축복'은 제3자인 타인을 위해 복을 비는 기원자의 신앙적 행위자체인 것이다.

이를 요약하면 복과 축복을 받을 대상은 인간이고 그 복을 주실 주체는 하나님이신데 다만 축복의 기원(祈願)적인 행위자는 하나님이 아니라 인간이 되는 것이다. 즉 축복의 기원자가 제3자를 위해 하나님께 복을 비는 행위가 축복이기 때문에 "하나님 축복하여 주시옵소서"나 "하나님의 축복을 받았다"라는 식의 말은 잘못된 것이다. 그러므로 "하나님, ㅇㅇ에게 축복하오니 복을 주옵소서", "하나님 ㅇㅇ에게 축복합니다"라는 말로 사용하여야 한다. 예컨대 이삭이 야곱에게, 아론이 그 후손에게 복을 기원한 것은 축복이고, 야곱과 아론의 자손들이 받은 것은 축복이 아니라 복이 되는 것이다. 따라서 목회자들은 기복신앙의 역작용이 많은 한국교회를 위해서 물질의 축복에만 치우친 편협 된 영성을 회복하여 영적인 축복을 우선하는 바른 축복행위를 성경을 표준삼아 해야 할 것이다. 복과 축복의 개념이 혼돈된 채 기복(祈福)행위를 하고 있는 지금의 한국교회의 현실은 과연 복이 되고 있는지를 성찰해야 하고 정직하게 비판해야 된다. 강복(降福)과 축복이 뒤섞여서 하나님의 일과 사람의 일을 구분하지 못하는 오늘의 한국교회를 위해 '축복' 하오니 '복' 을 받게 되기를 기원하는 바이다.

교회 용어 바로 쓰기

예수님의 「이름」을 「존함」으로 쓰자는 견해에 대하여

최근 교회문화연구소장이 '예수님의 「이름」을 예수님의 「존함」으로 써야 한다'는 견해를 밝힌데 대하여 필자는 관점을 달리하고자 한다. 이름이란 "다른 이와 구별 짓기 위하여 사람의 성(姓) 아래 붙여 그 사람만을 가리켜 부르는 일컬음을 나타내는 호칭"인데 이를 경어법으로 "남을 높여 일컫는 한자의 훈(訓)을 좇아 쓰는 말을 존함(尊銜:姓銜)"이라고 한다. '이름' 이란 말은 사물의 명칭을 설명하는 지시어로서 사람과 사물을 존재론적으로 두루 일컫는 기호가 〈이름〉인데 사람과의 관계에서 이 '이름' 이라는 말은 평교간(平交間)이나 불특정다수에게 쓰는 말이고 상하의 신분관계에서는 〈존함〉이라고 흔히 쓰되 본질적인 차이는 없고 윤리적 관념의 차이가 있을 뿐이다. 따라서 이 '존함' 이란 말을 예수님의 실명에 연결하여 쓴다면 몇 가지 문제점이 있게 된다.

첫째, 〈이름〉이라는 말이 비하(卑下)의 지칭어가 아닌데 예수님의 「존함」이라고 할 때 언어 표현구조의 품격이 어색하여 사용이 부자연스럽다는 점.

둘째, 예수님의 '이름으로' 라고 쓰는 것은 성경의 문자계시의 명시적 진술(마1:21, 눅1:31, 요14:14, 막9:38, 행3:6, 마28:19, 골3:17 등)들을 신앙행위의 표준을 삼은 정당한 인용이므로 착오된 사용이 아니라는 점.

셋째, 이미 존칭접미사 '님' 자가 합성된 〈예수님〉이라는 실명 존대어에 연접(連接)된 '이름으로' 라는 이 말은 그 실명이 신적 행위의 보증이므로 신앙의 방편을 삼는 지시어 기능을 할 뿐 비경어적인 작용을 하지 않는다는 점.

넷째, 예수님의 '존함' 이라고 한다면 삼위일체이신 성령님과 하나님에게도 존함이라고 해야 되므로 부자연스럽다는 점.

다섯째, 그리스도(메시야)와 주님과 임마누엘의 실명이 모두 예수님이시기에 "메시야의 이름은 예수님"이라고 쓸 수 있어도 "메시야의 '존함' 은 예수님"이라고 할 때는 조화롭지 않다는 점.

여섯째, 존함과 성함은 성(姓)과 이름이 복합되어 사람을 높여 일컫는 말인데 이 성(姓)은 '같은 줄기의 혈통끼리 가지는 칭호로서 사람에게는 성이 있어서 존함, 성함이라고 하지만 예수님은 성령님에 의해 잉태 탄생하심으로 인간 혈통적 성(姓) 개념을 갖지 않은 성자 하나님이시기에 존함이나 성함을 적용할 수 없다는 점.

일곱째, 우주적인 전 존재의 주가 되시는 분의 '이름' 이라는 말을 한 나라의 언어문화 범주에 국한시켜 〈존함〉이라는 존대 말로 바꿔 윤리적으로 채색하는 것은 편협스러울 수 있다는 점 등이다.

이름은 그 인격의 대상을 표상(表象)하는 외적 상징매체이기 때문에 상징되는 주체가 존귀한 것이지 이름 그 자체는 사실상 가치의 중성일 뿐이고 존귀하신 분은 바로 예수님 자신이므로 그의 이름은 영적행위의 보증이 될 뿐이다. 기독교문화연구소장님이 필자와 같은 뜻으로 교회용어 바로잡기를 위해 노심초사하시는 그 충정에 존경과 칭송의 말씀을 드리는 바이나 다만 본 주제에 대해서는 뜻을 달리 하게 되면서 예수님의 '존함' 이라는 표현은 여러 면에서 부적절함이 있으므로 예수님의 '이름' 으로 쓰되 그 이름이 하나님과 인간 사이에 중보적 언약의 증거가 되는 영적의미를 강조하였으면 한다.

교회 용어 바로 쓰기

「기도 받는다」라는 표현은 옳지 않다

교인들 중에는 이른바 영력이 있다는 목회자나 기도원 지도자들을 방문하거나 초청하여 '예언기도', '소원성취 기도', '문제해결 기도', '질병치유 기도' 등을 부탁하여 같이 기도하거나 의뢰하는 일을 흔히 '기도 받는다', '기도 받으러 간다', '기도 받았다' 등으로 표현하는데 이는 잘못된 말이다. 물론 남에게 기도를 중재(仲裁)하여 달라는 부탁을 받은 사람으로부터 기도행위를 허락받거나 함께 기도를 실천해 준 일 즉 그 행위를 통해 자신에게 영향을 끼친 일을 두고 '기도 받았다', '기도 받는다' 등으로 표현하는 것으로 볼 수 있다. 그러나 이런 경우, 기도의 대상은 하나님이신데 사람이 '기도 받는다'라고 하는 말은 부적절한 말이다. 언제나 기도를 「받으시고」 '들으시는' (대하33:13) 분은 하나님 밖에는 없기 때문이다. 이 기도는 인간 편에서는 하나님께 상달하는 (대하30:27, 시88:13, 행10:4) 높은 신앙적 행위이며, 하나님 편에서는 기도를 '돌아보시며 멸시치 않으시고' (시102:17), '주의하시고' (시66:19), '물리치지 않으시고' (시66:20), '응답하시는' (눅 11:10, 요15:16, 16:24, 요일3:22) 것이다. 이처럼 기도는 인간 편에서는 '하는 것'과 하나님 편에서는 '받으시는' 관계를 말하는 것이다. 교인이 신앙적인 말을 표현함에 있어 그 본의(本意)와 말의 내면적 의도는 아닐지라도 하나님께만 사용될 말을 그 어형(語形)과 뜻이 같도록 기도자가 사용하는 일은 삼가 야 한다. 그리고 '기도 받는다' 라는 말이 무속(巫俗)적인 잔재관념(殘滓觀念)에서 비롯되는 것이라면 반드시 시정할 필요가 있는 것이다. 예컨데 점술인(占術人)에게 '점괘(占卦)받으러 간다' 라는 말과 그 표현양식이 유사하다면 재고할 필요가 있다. 점괘란 '길흉을 점칠 때 나오는 괘'를 말하는 것인데 여기에서 '괘' (卦)는 점괘의 준말로 주역(周易)의 골자가 되는 64괘를 말하는 것으로 이는 '중국의 상고시대에 〈복희씨;伏羲氏〉가 지었다는 8괘를 두 괘씩 겹쳐 얻은 64개의 괘를 작용시켜 8괘, 육효(六爻), 오행(五行)의 방법을 사용하여 점(占)을 쳐서 사람의 길흉화복(吉凶禍福)을 판단하는 일'로 설명되는 말이다. 이렇게 볼 때 교인의 신변문제와 관련하여 남에게 기도를 '받는다'는 말은 주로 신비주의와 혼합된 기복신앙심에 관련된 말로 마치 무속에서 '점괘 받는다'는 말과 그 형식이 같다는 점을 주목해야 한다.

그러므로 '기도 받는다', '기도 받으러 간다' 라는 말이 신과 인간 사이에 영묘자(靈妙者)를 중재로 하여 문제를 해결하고자

'점괘 받으러 간다'는 주술(呪術)적인 것과 같은 발상에서 비롯된 것이라면 옳지 않다. '기도는 하나님이 받으시고' '응답은 사람이 받게 된다'.

따라서 중재기도는 '받는 것'이 아닌 의뢰(依賴)하는 것이므로 남에게 특별한 기도를 요청할 때는 〈기도의뢰〉, 〈기도부탁〉, 〈중재기도;도고〉(禱告;딤전2:1)등으로 표현해야 옳을 것이다. 유대국 16대왕 히스기야는 앗수르왕 산헤립이 유다를 침공했을 때 이사야에게 기도를 '의뢰'(부탁)하여 예언의 응답을 받고 난국을 평정한 일이 있었다(왕하19:4-6). 도고와 함께기도의 기본자세는 자신의 믿음을 가지고 하나님께 직접 간구하는 것이 최우선이다.

교회 용어 바로 쓰기

설교 강단에서 구분하여 쓸 말들

「불신자」와 「비신자」

교회에서 쓰는 말 중에 '불신자' (不信者)와 '비신자' (非信者)라는 말이 있는데 이는 구분할 필요가 있다. 이 두 말에서 '불' (不)자와 '비' (非)자는 일부 한자 말 앞에 붙어 그 말을 '아니다' 라고 부정(否定)하는 뜻을 나타내는 것에서는 동일하나 '불신자' 라는 말은 기독교 입장에 서 볼 때 신앙생활의 여부를 가려서 믿지 않는 '행위' 적인 것을 주된 뜻으로 지칭하는 말이고, '비신자' 라고 할 때는 어떤 신앙의 대상을 갖지 않은 무종교인의 '신분' 적인 것을 주된 뜻으로 지칭할 때 쓰는 말이다. 예컨대 불교와 천도교, 회교, 유교 등을 신봉하는 사람은 기독교의 신앙을 갖지 않았더라도 타종교를 신앙하는 종교적 신분을 가졌기 때문에 '비신자' 는 아니되 '불신자' 는 되고 기독교와 타종교의 신앙 모두를 갖지 않을 때는 종교적 신분이 없으니 '비신자' (비종교인)가 되는 것이다. 그리고 기독교에 속했더라도 회의론자(懷疑論者)는 사실상 '불신자'로 보아야 한다. 성경에 있는 '불신자'라는 말(고전10:27, 딤전5:8)도 역시 무종교적 신분을 일컫는 것이 아니라 기독교를 배교(背敎;背道)한 자와 불신자를 같이 적시(摘示)한 것으로 이해한다. 따라서 '불신자'와 '비신자'는 모두 전도의 대상이긴 하지만 표현에 있어서는 기독교의 신앙을 갖지 않은 자는 물론 기독인이라도 확신이 없는 사람은 '불신자'에 속한자이다. 결국 '불신자'는 비기독인, '비신자'는 무종교인을 말하는데 이를 구분 없이 쓰면 청중이 지칭인물의 종교적 신분이해를 오해할 수 있으므로 유념해야 한다.

「장본인」과 「주인공」

설교자들 중에서 성경의 사건과 관련된 인물을 지칭할 때 '장본인'이라는 말과 '주인공'이라는 말을 구분 없이 사용하는 경우가 있는데 이를 바로잡아야 한다. 예컨대 〈요나〉선지자가 니느웨성 사명을 저버리고 다시스로 도피 중 선상풍랑(船上風浪)을 만나 풍랑의 원인 규명을 위해 제비를 뽑으니 요나가 원인자로 지목되어 물속에 던짐을 받게 되었다. 이 사건에서 요나가 '장본인'이냐 '주인공'이냐 구분의 문제인데 여기에서 '장본인'라는 말은 '어떤 부정적인 일의 발단이 되는 근원을 제공하여 그 일을 일으킨 바로 그 당사자'를 지칭할 때 쓰는 말이고 '주인공'이라는 말은 '일반적으로 긍정적인 교훈이 되는 사건의 중심인물'을 지칭할 때 쓰는 말이다. 예를 들면 광야 40년 동안 출애굽 선민을 진두지휘했던 〈모세〉와 그의 후계자로서 가나안을 정복 입성한 사건의 대표적인 인물인 〈여호수아〉, 이 두 사람은 '주인공'이냐 '장본인'이냐의 지칭 문제이다. 이상 두 경우에서 요나의 경우는 부정적인 사건의 발단을 제공한 원인자이기 때문에 '장본인'으로, 모세와 여호수아의 경우는 공을 세운 교훈적 사건에 중심적 역할을 한 인물이므로 '주인공'으로 각각 지칭되어야 한다. 따라서 '장본인'과 '주인공'을 구분이 없이 쓰면 어떤 사건의 긍정적, 부정적 인물 묘사에 오해가 생겨 인물과 사건이 주는 구속사적 교훈을 바르게 이해하지 못하므로 이를 유념해야 한다.

「찬송 드리다」는 「찬송하다」로, 「찬송 ○장」은 「찬송가 ○장」으로

예배 인도자들이 흔히 〈찬송 0장을 드리자〉라는 말을 쓰는 사례가 있는데 이는 몇 가지 점에서 잘못된 말이다. 첫째, 신·구약 성경 여러 곳에 '찬송'(창9:26), '찬양'(삼하18:28), '찬미'(마21:16)라는 말이 있는데 모두 '찬송하다'라는 완전동사로 되어 있으며 '드리다'라고 표현된 곳은 없을 뿐 아니라 이 '드리다'라는 말은 모두 제물(민6:11)이나 예물(레1:2)과 관련하여 사용되었을 뿐 이 찬송은 '하다'라는 말 외에 다른 어떤 동사도 필요치 않는다. 둘째, 〈찬송〉은 하나님의 은혜와 복에 대한 감사와 그의 거룩하심을, 감성으로 표현하거나 마음이나 말로 기리는 송덕(頌德)과 같은 것으로서 구약은 하나님의 구원에 대해(출15:2), 신약은 예수 그리스도의 구원에 대해(계4:8, 19:1-8) 찬송하는 것이다. 또한 이 찬송은 하나님께 영광을 돌리고(눅2:20) 그에게 예배하며 그를 증거 하는 것이므로 〈찬송하다〉라는 말이 합당한 것이다. 셋째, 〈찬양〉이란 하나님의 구원역사와 예수 그리스도의 중보와 성령님의 보호하심을 기리며 삼위하나님을 드러내어 영광을 돌리는 예배적인 행위인 것이고 〈찬미〉는 하나님의 사랑과 선하신 본성, 그리고 위대한 구원섭리를 기리어 찬송하는 것으로서 이 '찬송, 찬양, 찬미'는 '하다'라는 인격적인 작용을 나타내는 말 외에 하나님을 향한 예배적 표현이 더 필요하지 않다. 넷째, 〈찬송하다〉라는 말은 이미 행위적인 경건성과 언어적인 품격을 지닌 말이므로 굳이 '드리다'라는 공여(供輿)적인 말로 하나님을 윤리적으로 더 높이고 거룩성을 도모하려는 것은 지나친 '공대법'(恭待法)에 치우침이고 또한 이 '드리다'라는 말은 '바치다'라는 의미를 담고 있어 이는 이교적인 발상과 무관하지 않음을 떠올리게 한다. 그리고 '찬송'과 '찬양'은 구약의 제물이나 예물과 같이 형태적인 요소를 갖지 않아서 어떤 수수(授受)관계를 나타내는 '주다'의 높임말 '드리다'라는 말은 부적절하다. 이와 관련하여 〈찬송 부르자〉라는 말과 〈찬송 올리자〉라는 말 역시 옳지 않는 표현이다. 찬송은 하나님의 모든 본질과 역사를 기리는 것을 뜻하는 것이기에 '노래'라는 개념을 담고 있지 않아서 '찬송을 부르자'라는 말로는 불완전하므로 〈찬송가를 부르자〉라고 해야 한다. '가'(歌)가 붙지 않으면 악률(樂律)적인 요건을 갖추지 못하여 '노래'와 '부르자'라는 의미를 담지 못하므로 반드시 '찬송가(歌)'라는 말에 '부르자'라는 동사를 접속해야 한다. 좀 더 정확한 표현을 하자면 찬송가곡이 실려 있는 책의 개념을 가진 〈찬송가집〉으로 해야 그 곡을 수록(收錄)한 차례를 매김한 장수(페이지)를 표시, 표현할 수 있는 것이다. 신앙생활에서 가장 많이 쓰고 있는 〈찬송〉이라는 말에 '하자' '드리자' '부르자' '올리자' 등의 동사를 바르게 결합하여 사용하지 않으면 '찬양'이라는 신앙용어와 관계된 신앙의 대상에 대한 올바른 송축행위와 자세를 그르치게 되며 바른 신적 관계의 초점을 맞추지 못할 우려가 있게 된다. 그러므로 〈찬송 드리자〉는 〈찬송하자〉로, 〈찬송 부르자〉는 〈찬송가 부르자〉로, 〈찬송 0장〉은 〈찬송가 0장〉으로 바로 잡아야하고 "무익한 말은"(마12:36) 유익하게 하는 것이 신앙인의 의무이다.

강단에서 구분할 말과 완곡하게 쓸 말

'당했다' 와 '맞았다' (맞이했다)의 구분

설교자들 중에는 강단에서 성경의 사건이나 교인들의 생활과 관련된 어떤 일을 만나게 된 경우를 두고 '당했다' 라든지 '맞았다' (맞이했다)라는 말을 구분 없이 관련지어 표현하는 사례가 있는데 이는 착오이다. '당했다' 라는 말은 '뜻밖에 원치 않는 일을 만나 겪어나 난처한 경우에 처하여 봉변(逢變)을 당할 때와 같은 주로 불행한 일을 만나게 될 때 쓰는 말이다. 예컨대 '여리고 도상 행인이 강도 만난 일', '이스라엘이 앗수르 군대로부터 침공을 받은 일', '예수님의 십자가 고난 받은 일', '요셉이 형들의 미움을 받아 종으로 팔려가 시련을 겪은 일' 등에서 피해 당사자는 그 일을 〈당했다〉라고 해야 되고, '맞이했다' (맞았다)라는 말은 경사스럽고 다행한 일을 기대하여 만나게 되는 경우에 쓰는 말인데 예를 들면 '성탄절', '부활절', '유월절' 등과 같은 뜻 있는 기념

일은 '맞았다' (맞이한다)로 써야 한다. 따라서 〈초상〉과 같은 흉사(凶事)나 비극적인 일과 난세(亂世)와 관련된 일은 '당했다'로, 〈결혼일〉과 〈생일〉,〈명절〉등의 길사(吉事)와 관련된 일은 '맞이했다' (맞았다)로 표현하는 것이 옳다. 성경에는 구원사적 교훈을 담은 긍정적, 부정적인 사건이 많이 나타나 있는데 그 사건에 따라 '당했다'라고 해야 할 말과 '맞았다'라고 해야 할 말이 많이 있다. 이를 구분 없이 쓰면 그 사건이 주는 섭리적인 교훈과 성격을 오해할 수 있으므로 바르게 써야 한다.

완곡(婉曲)하게 써야 할 말들

성경의 모든 표현은 신적 권위를 가진 영감된 문자계시이므로 언어적 형태요소를 존중히 여기되 다만 본문을 설교적 해석과 삶에 적용할 때 표현은 성경의 본뜻을 훼손하지 않는 원칙에서 어떤 말은 '완곡'하게 쓸 필요가 있다. 본문상의 어떤 표현을 윤리적 상황 안에 전이(轉移)시킬 때 특정한 지칭과 관련 있는 당사자가 듣기에 겸연(慊然)적지 않도록 수사(修辭)적 해설조로 표현하여 언어의 윤리적 질감과 문학적 심미감(審美感), 그리고 영적 감화력을 줄 수 있어야 한다. 예컨대 '과부' (딤전5:3, 민30:9)는 〈홀 여성, 독신여성〉으로, '홀아비'는 〈광부(曠夫), 환부(鰥夫), 독신남성〉으로, '홀어머니'는 〈편모;偏母〉, '홀아버지'는 〈편부;偏父〉 '혼인하지 않은 자' (고전7:8)는 〈미혼여성〉(남성)으로, '고아' (시

10:18, 약1:27)는 〈실부모아동〉(청소년)으로, '절뚝발이'(마 15:30, 레21:18)는 〈지체부자유자〉(건각;蹇脚)로, '소경'(장님, 맹인, 봉사)(레19:14, 요11:37)은 〈시각장애자〉로, ' 벙어리'(잠31:8, 눅11:14)는 〈언어장애자〉(아자;啞者)로, '문둥병자' 레13:2, 눅17:12)는 〈한센(hansen)병자;나병자〉로, '귀머거리'(출4:11, 막7:37)는 〈청각장애자〉(농자;聾者)로, '앉은뱅이'(행3:2)는 〈하반신불구자〉(좌객;坐客)로, '무당'(신18:10)은 〈무속인〉으로, '귀신들린 자'(마4:24)는 〈객신(客神)맞은 자〉로, '거지'(눅16:20), '걸인'(요9:8)은 〈걸객〉(乞客), 개걸자 등으로 각각 표현하는 것이 언어의 격조와 유화감(柔和感)을 주며 회중이 거부감 없이 듣게 된다. 강단말씀은 경우에 따라 우회적, 간접적, 상징적으로 표현하는 것이 덕을 높인다.

교회의 「구역」과 「교구」라는 말 구분하여야 한다

개혁교회의 대부분이 교인들의 주거가 동일한 일정지역을 구획(區劃)하여 관리하는 소단위조직을 「구역」이라 하고 또 일정한 지역범위 안에 있는 몇 개의 구역을 묶은 큰 단위조직을 「교구」라고 지칭하는데 이 「교구」라는 말은 시정할 필요가 있는 명칭이다. 물론 '구역'과 '교구'가 대소의 차이는 있지만 교인이 거주하는 일정한 지역이라는 기본개념에서는 동일하다. 그러나 '구역'은 개혁교회의 지역별 관할행정단위를 말하고 '교구'(Parish)는 가톨릭교회에서 지역분할의 기본단위를 구분하여 말하는 용어를 도입모방한 말이다. 이 '교구'는 가톨릭교회를 확장하는데 있어 지도나 감독의 편의상 나눈 구역으로서 '대교구'와 '교구'로 구분하여 교회의 수위권자(首位權者)인 교황이 임명한 주교(主敎)가 중심이 된다. 교구의 설립조건은 그 지역에 거주하는 적정수의 신자수와 재정적인 기반이 필요하며 또한 적정수의 교회와 주교좌(主敎座)를 이룰 대성당을 갖추어 교구장인 감목관(監牧官:목자라는 뜻으로 포교지(布敎地)의 고유한 교구제도인 대목구(代牧區)나 지목구(知牧區)의 대목인 지목(知牧)을 가리키는 말)이 사도직을 이행할 방법과 재원을 확보하면 설립할 수 있다. 따라서 기본 단위인 이 '교구'는 신자의 작은 공동체인 본당(本堂)으로 나뉘어 주교들의 대리자인 사제들이 신자들을 보살핀다. 이렇게 몇 개의 교구가 모여 관구(管區;Dioceses)를 이루어 지역교회의 완전한 교계제도(敎階制度)를 설정하게 된다. 이처럼 가톨릭의 '교구'의 조직개념과 개혁교회의 '구역'의 조직개념은 분명 차이가 있는 것이다. '교구'라는 말이 교리나 신학적으로 예민한 문제는 아니더라도 교권이 중심이 된 교회지상주의의 분권(分權)적인 계급개념을 가진 이 말은 기독교개혁의 대상범주 내에 속한 것이다. 개혁은 왜곡된 교리나 신조를 토대로 한 신앙원리의 복원뿐만 아니라 가톨릭교회 정치와 행정의 제도까지 포함한다. 따라서 교권적인 지역단위인 '교구'는 단순한 공동체적인 지역단위를 구성한 개념이 아니라 성직 위계체제 구축을 위한 수직적 종속개념을 가진 지역분할권의 계통적 체제로서 '구역'의 단위를 의미하는 것이므로 개혁교회가 도입할 교회관할 지역명칭으로는 부적절한 것이다. 교회가 대형화되고 교인의 거주분포지가 확장됨에 따라 소분할 '구역' 단위의 일정한 구역수를 묶은 큰 단위의 구역개념으로 적당한 명칭이 없어 교구라는 말을 도입하게 된 정황은 이해가 되나 심방과 누락 없는 총찰(總察)을 위한 교인의 가구 수와 지역을 절충한 '구역'의 의미와는 다르므로 모방할 필요는 없는 것이다. 따라서 개혁교회의 '교구'의 명칭은 교회의 위치를 중심한 방향으로 하여「동 지구 제1구역」,「서 지구 제2구역」이나 행정구역 명칭인 '구(區)'나 '동(洞)'의 이름으로「서초지구 제3구역」,「방배지구 제5구역」등의 '교구'라는 명칭을「지구」라는 말로 개혁하면 될 것이다. 성경말씀으로 복원된 주권재민의 민주적인 개혁교회의 영적정신은 성직위계주의와 연결된 계급단위의 '교구'라는 명칭을 수용하지 않는다. 말씀 하나만으로 기독교의 명운을 걸었던 개혁정신은 한국교회를 향해 지금도 말하고 있다.

교회 용어 바로 쓰기

교계 원로들의 「제가 잘 못했습니다」 라는 참회의 선언 옳은 일인가

    기독교연합신문 2005년 3월 25일자에 한국복음주의협의회 주최로 기독교계 원로목사 3인이 「제가 잘못 했습니다」라는 참회기도의 주제로 기도 발표를 한다는 기사에 이어 2005년 4년 24일자에서는 이를 실천했다는 보도와 함께 추후에 또 몇몇 교계 원로급의 성직자가 죄책고백을 할 예정이라는 기사를 게재한 바 있다. 지명도가 높은 한국교회 대표적인 전 현직 목회자들의 참회선언에 이어 두 번째 죄책고백에는 학자와 부흥사, 여성 지도자와 현직 목회자를 중심으로 한국기독교의 죄책고백을 유도한다는 보도에 실소(失笑)를 금할 수가 없다. 당사자들에게는 실례가 될 수 있겠으나 공개적으로 참회하고 사죄를 구할 공론적이고 선언적인 참회가 교계 앞에 고지할 만큼 성경적인 명분축적과 불가피한 절박성을 가진 행위였는지 몇 가지 문제점에서 조명되어야 한다고 본다. 첫째, 회개의 신학적인 의미는 히브리어나 헬라어에서 "마음을 고쳐 돌이키다", "방향을 전환하다"의 뜻을 가진 말이라는 점을 전제하여 볼 때 몇 분의 회개는 내용으로 보아 선언의 의미는 될 수 있으나 회개와 함께 돌이켜 원상회복이 가능한 상황적 회복으로 완결되었다고 볼 수 없으며 자신의 죄성을 적시(摘示)한 죄목이 그뿐 아닐 범과(犯科)를 덮어둔 채 공개선언 죄목 자체만으로 곧 회개의 충족조건으로 인정될 수는 없다는 점. 둘째, 회개의 공공성을 유지하려면 거국적이거나 거(擧)기독교적(전교회적)인 개념이 부여되어야 하는데 지명도가 높은 몇 분의 인사의 초청과 일정수의 청중을 확보한 공지성을 지닌 소규모의 집회는 종교행사의 범주를 벗어나지 못한다는 점. 셋째, 교계의 대표적인 인사들도 한 사람의 신자로서 개인적인 죄과(罪過)를 가질 뿐인데 회개의 대표적인 표본으로 삼아야 할 영적인 명분은 없는 것이다. 넷째, 교계의 대표적인 사람들을 통해 공개적인 회개를 선언함으로 교계에 파급효과를 위하고 간접적인 존경심의 반향(反響)을 계상(計上)한 창조적인 발상을 가졌다면 이는 또 다른 자기 의를 나타내는 것이라 볼 수 있으며 현대판 바리새인 출현이라고 비판하는 눈을 감기우지 못할 것으로 보인다. 다섯째, 전통적인 회개의 참뜻과 회개의 불가피성이 충분했다면 기왕에 베옷이라도 갈아입고 금식을 하며 공개좌중(公開座中)이 아닌 은밀폐문(隱密閉門)하고 단장통곡(斷腸痛哭)을 해야 할 일이 아닌가? 회개행사에 관중을 동원하여 사적 수치와 기존 명예의 훼손을 피한 면피(免避)용 죄목 정도로 당면한 위기탈출의 방책으로 보기는 어렵고 또한 한국교회의 영적 문제점은 선언된 죄목에 있지 않음을 많은 사람들이 다 아는 바이다. 시기적으로 거 기독교적인 참회가 절실히 요구되는 시점에서 진정으로 위기의식을 느끼는 다수의 교계지도자들이 현실을 직시하여 갈멜산 기도와 같은 민족적 통회가 있는 역사적인 회개운동이 필요하다고 본다. 한국교회 강단이 바로 서는 운동은 무엇보다 시급한 일이나 각본에 따라 연단에 서서 회개를 선언하는 외식적인 참회보다는 은밀한 곳에서 하나님 앞에 조용히 참회하여 온 교회에 겸손의 덕을 끼칠 수 있기를 기대하는 바이다.

목회자의 '급여' 명칭은 「목회비」나 「성역비」로 해야

　교회에서 목회자들에게 지급하는 급여(給與)의 명칭을 흔히 '봉급'(俸給), '사례비'(謝禮費), '보수'(報酬), '월급' 등으로 다양하게 표현하고 있는데 이 '봉급'이란 일정한 업무에 근속한 것에 대한 대가(代價)로 받는 보수를 말하고 '월급'은 급여를 월별로 지급하는 것을 말하며 '사례비'는 유익이나 덕을 끼친 고마움에 대해 언행이나 금품으로 그 감사의 뜻을 전하는 인사를 말하는 것이다. 이 중 한국교회가 가장 많이 쓰고 있는 용어가 '봉급'과 '사례비'인데 50~60년대에는 이를 '생활비' 또는 '실양'(悉糧;생활에 필요한 모든 비용)으로 표현하기도 했다. 목회자의 급여의 의미는 윤리적으로 고마움에 대한 감사를 나타내는 비정규적인 '사례'의 뜻으로는 부적절하고 생활의 필요비용을 지급하고 있는 '생활비'라는 말이 실질적으로는 적합한 말이나 어떤 직무적 역할과 관계성을 나타내는 개념이 표출되지 않는 단점이 있다. 성경에 나타나 있는(민18:31, 겔29:20) '보수'라는 말 또한 대가성을 가진 응분의 보상 개념이 있는 말이어서 목회자의 신분과 직능에 비추어 볼 때 교회로부터 받는 급여를 표현하는 말로는 모두 적절하지 못한 것이다. 목회자의 직무는 일반 사회적 기여가 아니므로 일정한 대가성 급여의 개념이나 이윤을 추구하는 생산 활동에 노력한 보수의 개념도 목사직 수행에 요구되는 지급 비용을 표현하는 말로는 적절하지 않다.

목사의 직을 흔히 성직(聖職)으로 표현하는데 이것은 하나님의 소명에 따른 거룩한 성역을 수행하는 '직임'의 의미와 하나님의 본질적인 신성을 반영한 직분과 지칭이다. 이러한 성직을 수행하는데 따르는 비용지급을 '봉급' '사례비' '월급' 등으로 표현하는 것은 부적절하다. 성경의 예를 보면 구약의 〈레위지파〉는 이스라엘의 십 이 지파 중에 유일하게 가나안 땅을 기업으로 분배받지 못한 지파로서 그 대신 다른 지파들로부터 곡물과 가축의 십일조를 기업으로 받았다. 레위지파는 광야생활 도중 장자들 대신 여호와께 봉헌된 자들로 택해졌으며(민3:12, 41, 45) 레위지파 중에서도 아론 후손만이 제사장으로 임명되었고(출28:1) 이 제사장이 이스라엘의 예배보존과 촉진, 이스라엘의 거룩성 유지, 하나님과 인간사이의 중개(仲介)역할 등의 성역을 수행했으며 그 외의 레위인들도 제사장 보필과 성전 봉사를 담당하였다. 이러한 거룩한 직무를 담당한 제사장과 레위지파에게 다른 지파들이 그 성역을 전담할 비용을 공급했던 것이다. 이것이 '성역비'(聖役費)라고 볼 수 있다.

　위의 예와 같은 신성한 역할을 수행하는 목회자에게 소요되는 비용지급 명칭을 일반 보수개념의 명칭으로는 부적절하므로 목회자들의 급여명칭은「목회비」또는「성역비」라고 하는 것이 옳을 것이다. 이는 하나님의 뜻을 따라 일생을 헌신하며 복음을 통해 영혼구원 사역을 수행하는 성역이란 점과 보수가 전제된 지급개념이 아닌 무기업 종교지도자이므로 목회의 성역을 수행하는 목회자에게는 대가성 보수의 개념이 아닌 성역의 비용으로 규정하여「목회비」또는「성역비」로 지칭하여 지급하고 한국교회가 이를 통일하여 사용했으면 한다.

「영의 아버지」라는 말의 부 적절성

교인 중에는 자신을 전도한 사람이나 신앙생활에 영향을 끼친 사람, 혹은 담임목사를 '영의 아버지' (어머니) 또는 '신앙의 아버지' (어머니)등으로 지칭하는 사례를 흔히 보는데 이는 몇 가지 점에서 부적절한 말이다.

첫째, 이런 말은 부성(父性)적 속성과의 관계적 표현이기는 하나 생식(生殖)적 혈족에게 쓸 수 있는 말을 조건적 연고성을 짙게 표현할 양으로 태생적인 관계어로 표현하는 것은 지나친 근본주의적 인식이며 성향적 논리의 표현이기는 하나 신앙원리에 맞지 않는다.

둘째, 성경적인 관점에서 '영의 아버지'는 오직 하나님 한 분 뿐이신데 그 하나님이 우리를 거듭나게 하시고(요3:3-6, 딛3:5, 벧전1:3) 양자의 영을 주어(롬8:14-16) 영적인 자녀를 삼으사 후사가 되게 하여(롬8:17, 엡3:6) 하늘의 기업을 얻게(히9:15, 벧전1:4)하시는 영원하신 상속자로서(마19:29, 25:34) '영의 아버지' 시다. 따라서 영이신 하나님(요4:24)으로부터 거듭난 영적 자녀가 육으로 난 자를(요3:6) 영적인 부성의 신분으로 지칭하는 것은 옳지 않다.

셋째, 육적인 요소를 가진 사람을 '영의 아버지' 라고 하는 것은 성질상으로 견주어 표현할 수는 있으나 사람을 '영의 아버지' 로 지정할 수는 없다. 이것은 가톨릭교회에서 '성체성사'(聖體聖事)나 '견진성사'(堅振聖事)를 받는 사람이 자신의 신앙을 도울 사람을 대부(代父)나 대모(代母)로 지정하는 제도에서 착안된 것으로 유추되나 성경주의 개혁교회에서는 이를 인정하지 않는다.

넷째, "…복음으로써 내가 너희를 낳았음이라"(고전4:15), "…낳은 아들 오네시모…"(몬1:10), "나의 자녀들아…"(갈4:19)등의 사도바울의 표현을 근거로 '영의 아버지' 라고 할 수 있다면 그것은 말씀의 오해인 것이다. 바울이 개종한 이방인들에게 '영적 아버지' 라고 표현한 것은 이방인을 개종케 한 것이 마치 산모가 해산의 고통을 겪으면서 자녀를 낳음과 같았다는 의미로 사도적 애착심을 표현한 것이지 바울 자신의 권리와 위치를 말한 것이 아닐 뿐 아니라 부성애의 본능적 속성으로 사랑과 친밀한 관계를 묘사한 수사(修辭)적 표현으로 이해해야 한다.

다섯째, 바울이 복음으로 사람을 회심시키고 성장하도록 양육한 부성적인 역할이 신앙적이었기 때문에 '영적', '신앙적'이라는 표현은 가능하나 '영의 아버지', '신앙의 아버지'라는 표현은 옳지 않다. '영적'에서 〈적;的〉은 '어떤 사물이 그 상태로 된', '그런 성질을 띤' 등의 뜻을 나타내기 때문이다.

성경에는 "땅에 있는 자를 아비라 하지 말라 너희 아버지는 하나이시니 곧 하늘에 계신 자 시니라"(마23:9), "만물이 그에게서 났고 우리도 그로 말미암아 있다"(고전8:6)고 말함으로써 아버지는 하나님뿐임을 강조하였다. 목회자 자신이 스스로를 영의 아버지라고 강조하거나 교인이 지도자를 그렇게 지칭하는 것은 사이비 집단의 교주를 신성화하기 위해 쓰는 경향과 같음을 유념해야 한다. 그러므로 사람을 '영의 아버지(어머니)'로 지칭하여 하나님의 존엄성을 훼손하는 일은 삼가야 한다. 신앙적으로 많은 영향과 덕을 끼친 사람의 지칭은 "영적 은인"이나 "신앙의 은인"으로 표현하면 좋을 것이다. 참 영의 사람은 세상에 속한 말을 하지 않는다(요일4:5).

「기복(祈福)신앙」이란 말과 그 신앙의 문제점

기복신앙이라는 말은 복의 기원을 주목적으로 하는 무속적 종교행위를 뜻하는 말이다. 사람이 물질적 이득을 바라는 것은 사람스러움이고 자연스럽기도 하다. 그러나 오늘날 한국교회가 지나치게 현세적 물질추구에 경도(傾倒)되고 있어 숭고한 종교적 도리와 가르침이 경시되고 있다는 비판의 소리와 함께 교회 내에서도 자성의 소리마저 없지 않다. 성경해석의 초점을 건강과 물질이득에 맞추어 다소의 교회들은 사이비 종교집단과 유사하다는 낙인(烙印)을 받기도 하였고 대부분의 교회는 기복신앙 성향에 도취되어 기도와 설교는 현세적 복을 강조하여 이교적 현상에서 헤어나지 못하고 있다. 각종 부흥집회의 표제어에 '축복대성회' 또는 '신년축복대성회' 라는 기복적 표어를 내걸어 교인들의 관심을 모으려하고 강사의 설교에는 복음의 핵심이 없이 축복론을 강조하여 신앙의 능력을 잃고 영적무기력증에 빠져 영성은 어두워져 가고 있다. 이로 인하여 성경이 규정한 교회의 참모습은 빛을 잃고 교회의 구도적사상은 약하여 기독교의 본질과 멀어져 있음은 통석(痛惜)한 일이다. 교회는 영력을 가리운 기복신앙의 실체를 해부하고 그것의 허(虛)와 실(實)을 냉정하게 검증하여 계시론적 신앙회복과 교회와 예배갱신을 도모하지 않으면 안될 신앙위기에 처해 있다.

따라서 기복신앙을 갱신해야할 이유로서 첫째, 기복신앙은 사람의 물질본능을 충동시켜 현실적 이해타산 심리를 만족케 하려고 신앙의 표적을 물질성취에 맞추어 기독교의 원리를 떠난 종교행위이기 때문이다. 둘째, 인간의 정신적 가치와 내적 삶을 중시해야할 종교가 물질의 제한가치에 치중하여 영원한 내세의 가치를 바라보는 기독교의 본래의 목적을 놓치고 있기 때문이다. 셋째, 기복신앙은 물질의 힘을 안위의 방편으로 삼고자 저급한 종교적 동기를 부여하고 기복적 신앙체계를 선호하여 아가폐적인 동기가 없이 인간욕구와 물질동경에 호응하는 주술적 성향이 있기 때문이다. 넷째. 기복신앙은 대속의 교리와 죄의 용서를 통한 구원의 개념이 없는 현세적 복을 강조하고 내세적 영복과 윤리적인 면이 없이 이기적 물질의 풍요를 추구하여 높은 품격의 중생한 인격회복을 도외시(度外視)한다는 점. 다섯째, 기복신앙은 신앙행위를 공적개념의 보상적 관점으로 이해하고 하나님의 본성적 약속에 근거하여(갈3:13-14) 그의 백성된 자의 영육간에 복을 주시는 복의 근원자의 주권을 경홀히 여긴다.

이러한 기복신앙의 문제점으로 인하여 교회위기의 징후들이 가시적으로 나타나 양적성장의 둔화, 신앙의 내재화의 부실, 영적 능력의 결여, 치유중심의 광신적 열광주의에 빠짐, 주술적 무속신앙의 경향, 그리스도의 성품을 닮은 중생한 인격회복의 부재, 교회의 권위와 신뢰 추락 등으로 성경적 기독교의 전형(典型)은 무너지고 영적 능력의 자리에 물질의 힘이 대체되고 있음은 비감(悲感)스럽다. 이제 한국강단은 시급히 복음으로 돌아가 신앙과 영적 능력을 회복하여 기복론을 강조하지 말고 은혜의 복음을 말해야한다. 그리고 교회는 기복에 목말라 하지 말고 참된 복음과 진리에 갈급해야한다(암8:11, 시42:1). 이것이 영육이 사는 길이며 부흥하는 정도(正道)이다.

「기독교를 믿는다」라는 말 부적절하다.

혼히 대인관계에서 종교적 신분을 묻거나 대답할 때 '어떤 종교를 믿느냐?' '기독교를 믿는다' 또는 '불교를 믿는다' 심지어는 '교회를 믿는다' 등의 대답을 볼 수 있는데 이는 모두 부적절한 표현들이다. 신앙(믿음)이라는 말이 기독교적 관점에서 볼 때 언제나 그 믿음의 대상인 절대자와 그가 가르친 신앙원리인 교리(교의)가 전제된 표현이기는 하나 종교 자체는 믿음의 대상이 될 수 없다. 일반적으로 종교를 정의할 때 '어떤 신이나 절대자를 인정하여 일정한 양식아래 그를 믿고 숭배하고 받듦으로써 그 신으로부터 마음의 평안과 행복을 얻어 누리고자 하는 문화의 한 체계'라고 서술한다. 그리고 기독교를 정의할 때는 '예수 그리스도에 의하여 창시된 계시종교로서 예수 그리스도를 하나님의 아들임과 세상의 구원자로 믿고 그의 사랑을 따라 영혼구원의 목적을 신앙의 근본으로 삼는 종교'라고 진술하게 된다. 그렇다면 기독교 그 자체는 신앙의 대상을 설정하고 신앙의 근본 원리와 목적을 밝혀 놓은 인간을 향한 절대자의 계시적 체계임과 인간이 절대자를 믿는 종교의 양식'이라고 볼 수 있다. 그러므로 이 기독교와 교회 자체를 신앙의 대상으로 인식하거나 표현해서는 안되는 것이다.

교회라는 말의 개념은 '예수 그리스도를 구주되심을 고백하여 믿는(마16:18) 사람들의 신앙공동체 또는 하나님이 함께하시는 종교적 회중의 교단을 총칭하는 말'이니 이 역시 신앙의 대상이 될 수 없다. 그러니 기독교나 교회는 신앙의 대상인 하나님이 믿는 자를 향한 자기현시 또는 자기계시를 통해 그의 존재를 증거하고 신과 인간의 관계와 그를 신앙하는 양식을 말하는 인간구원의 수단이며 그의 영광을 위한 절대자의 하위개념으로 이해하여야 한다. 참 종교는 창조주요 절대자인 유일하신 하나님만이 믿음의 대상이므로(출20:3) 어떤 종교 자체와 교회 자체를 믿는다고 할 수는 없다. 기독교와 교회는 신앙의 대상을 가르친 길이요 경배하는 수단이기 때문이다. 종교가 서구적 개념에서는 믿음의 대상인 신의 개념이 있지만 동양적 개념에서는 꼭 그런 것은 아니다. 그 중 불교도 신의 계시에 의존된 종교양식을 가진 것이 아니라 자력성불(自力成佛)의 도를 깨닫고자 부처의 가르침을 좇는 종교행위로써 신앙의 대상이 뚜렷이 없으니 불교 자체를 믿는다는 말도 어불성설이다.

따라서 우리가 종교적 신분을 묻고 대답할 때 '어떤 종교를 믿느냐'로 묻지 말고 '어떤 종교의 신앙을 가졌느냐', '당신의 종교는 어느 종교이냐'로 묻고 이런 말에 대답은 '기독교의 신앙을 가졌다'거나 '나의 종교는 기독교이다'로 답하여야 한다. 기독교와 교회 안에는 예수 그리스도께서 믿음의 대상으로 구분되어 계시기 때문이다. 종교(행25:19)는 무엇을 믿느냐와 누구를 믿느냐의 믿음의 내용과 대상을 구분할 요소가 있다. 예수님을 믿는 종교는 기독교이고 기독교는 예수님을 믿는 종교이니 기독교를 믿는 것이 아니라 예수님을 믿는다고 하는 것이 당연하다. 따라서 어떤 종교이냐? 에는 기독교, 어떤 신앙이냐? 에는 예수님 믿는 신앙, 이것이 옳은 말이다. 바르고 정직한 말은(딛2:1,8) 바른 기독교를 건설하게 된다.

「하나님 노릇」, 「아버지 노릇」이라는 표현 불경스럽다

간혹 목회자들의 기도 말 가운데 하나님의 '신적 역사'(스6:22, 살전2:13)를 구할 때 「하나님 노릇」 또는 「아버지 노릇」을 해달라고 기원하는 말투를 들을 수 있는데 쓸 수 없는 말이다. 우리의 어문체계에서 '노릇'이라는 말은 "사람의 직업이나 직책에서 마땅히 해야 할 역할이나 구실 또는 그 일을 속(俗)되게 일컬을 때 쓰는 말"이다. 예컨대 부모노릇, 주인노릇, 자식노릇 등의 말을 하나님의 신적 직무나 역사를 운위(云謂)할 때 비속하게 표현하는 것은 심성적 동기에 고의성이 없다고 하더라도 그 말 자체는 '지존하신 여호와 하나님'(시47:2, 사33:5)께 불경스러운 비종교적 표현이다. 물론 무한한 사랑의 속성으로 인간을 향하신 하나님의 당연한 신적 본분으로 거룩한 작용을 필연적으로 해주심을 꾸밈없이 간구하는 소박한 표현일 수는 있다. 그러나 '노릇'이라는 말은 비례(非禮)한 말투임에는 틀림없다.

이 말을 삼가야 할 몇 가지 이유가 있는데

첫째, 하나님의 사역인 신적 작정, 예정, 창조(영적세계, 물질세계), 섭리(엡4:16, 히1:3), 이적(출3:20) 등의 본질적인 역사를 통한 전지전능자의 신성하신 초월적 행위를 속된 의미를 담은 '노릇'이라고 표현할 수 없는 것이다.

둘째, 노릇이라는 말이 윤리적인 당위를 비수사(非修辭)적으로 소박하게 우리 언어의 고유성에 비중을 둔 표현이라 하더라도 신적 차원의 본성적인 표현으로 종교적인 신위(神位)에 맞는 격을 갖추어야 할 기도 말에서 범속(凡俗)한 범주에 든 말을 주저 없이 하나님 되심에 붙여 쓰는 것은 하나님을 높이는 격률에 벗어나는 것이다.

셋째, 자존(自存)하신(출3:14) 하나님은 구속과 섭리에서 언제나 솔선선행(先行)하여(요15:16, 요일4:19) 운행하시고 인간의 반응을 능동적으로 인도하시며 기쁘신 뜻대로 스스로 결정하시는 주권적인 하나님이신데 마치 인간을 향한 신적 본분을 강요하여 그의 책임을 되 일깨우는 듯한 어감과 인상을 주는 "아버지 노릇"이라는 말은 천부성을 향한 자녀된 인간의 신분에서 부적격한 말이 아닐 수 없다.

넷째, 이 '노릇'이라는 말은 도덕사회 범주에서 윗사람이 아래 사람에게 주문될 수 있는 말이거나 어떤 일을 하게 된 당사자가 스스로의 행위의 미흡함을 자성할 때나 또는 제삼자의 역할을 객관적으로 적시(摘示)하여 표현할 때 쓰는 어군(語群)에 속한 말인데 이를 하나님께 붙여 쓰는 것은 경외심을 훼손하게 된다.

'하나님의 사역의 최고봉은 물론 인간이다. 그 인간은 하나님의 통치의 대상이고 경륜과 섭리의 대상이다. 따라서 하나님의 행위는 언제나 정당하고 신적 자율로 인간을 만나시고 문제를 해결 하시므로 사람으로부터 강요되지 않으신다. 그러므로' 하나님 노릇' '아버지 노릇' 등의 강요된 듯 한 비속한 표현은 쓸 수 없는 말이다. 이 말이 극히 일부 목회자들이 사용하는 표현일 수도 있겠으나 강단에서 한사람의 말이 많은 교인들에게 영향이 미칠 수 있으므로 고려해야 할 것이다. 기도에서 하나님의 운신(運身)을 구할 것이 아니라 응답받을 내용을 구체화하여 진실하게 고하는 것이 옳을 것으로 판단된다. 경외하는 언어는 주님의 영광 더 높인다(말3:16).

교회 용어 바로 쓰기

「당회장」과 「담임목사」라는 직무칭호 경우에 맞게 써야 한다

지 교회 시무목사의 직무칭호를 '당회장' 또는 '담임목사' 라고 하는데 일부 교인들이나 교계 지도자들 중에 이 칭호를 적소(適所)에 맞지 않게 쓰는 사례가 있다. 교인들의 공중기도 시 목사를 위한 기도 말이나 또는 일상적인 대화에서 '담임목사' 를 '당회장' 이라고 지칭하는 경우나, 교계 지도자들이 인터넷과 유인물 등을 통해 '당회장' 을 '담임목사' 로 써야 한다고 주장하는 것을 볼 수가 있다. '담임목사' 와 '당회장' 으로 써야 할 경우는 각각 구분되어 있는데 마치 '당회장' 을 '담임목사' 로 잘못 쓰는 것으로 지적하는 견해는 옳지 않다.

지 교회의 무흠 시무목사가 직무의 성격상 두 칭호를 호환(互換)해서 사용하지 말아야 할 경우가 있다. 한 사람의 시무목사가 직무상 '당회장' 이라고 써야 될 경우는 교인 대표인 치리직 시무장로가 있는 조직교회에서 정치적, 법적 지위를 가진 당회의 대표로서 사회권을 가지고 회무를 수행하고, 미조직교회라도 교회의 각종 직책의 임면권(任免權)을 가지며, 성례집례와 공동의회 회의의 의장으로서 사회, 각종 문서 수발(受發)의 발신자의 명의, 재정의 결재와 감독, 각종 조직의 관리, 상회의 각종 청원과 헌의 등의 치리(治理)적인 신분으로 직무를 수행할 때이며, 설교와 심방, 상담과 기도, 일반적인 교인의 보살핌과 전도 등의 순수한 목회적인 신분으로 목양의 직무를 수행할 때는 '담임목사'로 표현해야 한다. 그리고 노회가 지 교회에 시무명령을 할 때도 치리적 신분인 '당회장'과 목회적 신분인 '담임목사권'을 동시 부여해 파송하게 되며 당회가 없는 교회라도 당초부터 당회장의 직무 명칭을 주어 해당교회를 담임하게 한다.

그러므로 '당회장'의 직명은 당회에서 회장으로 선임되는 것이 아닌 원초적으로 '당회장'이라는 헌법적 직분을 임명하여 교회의 규범적 사무를 수행토록 파송된 직분이고, '담임목사'는 지 교회의 목회적 사무를 담당하는 책임개념을 지니고 비 치리적인 영역을 동시에 수행하는 한 시무권 안에 당회장과 담임의 역할이 겸전(兼全)한 두 소관 업무가 요소적으로 복합되어 있는 직임이다. 따라서 이상의 두 명칭은 단일화 될 수 없는 두 가지 기능적인 성질을 가진 업무상의 특성을 구분해야 할 일이기에 이중적인 직분의 개념이 아니라 업무 수행 상 두 명칭을 겸하여 '당회장'과 '담임목사'의 명칭사용의 구분이 규정되어 있는 것이다.

혹자의 견해대로 '당회장'은 계급적이고 지위적인 명칭이므로 '담임목사'로 지칭해야 한다든지, 또는 '담임목사'를 치리적인 영역과 상관없는 일에 관련지어 '당회장'이라고 표현하거나 기도 말에 사용하는 것은 모두 옳지 않는 사례들이다. 혹 드물게는 당회장의 직분을 법적 하자로 인해 노회가 일시 회수하여 담임 권만 인정하고 당회장의 직무는 일정기간 정지하는 경우가 있는데 이때는 두 직무가 겸전되지 않고 제3자를 임시 당회장에 임명하므로 담임목사의 직무와 이원화가 될 수도 있다.

이렇게 시무목사는 당회장 직무와 담임 직무를 동시에 가지게 되므로 일상적 지칭에는 '담임목사'로 쓰고 법적행위에는 '당회장'으로 써야하는 두 기능을 가지게 된다. 교회 주보에도 목회자 명의 안내는 목회적 신분인 '담임목사'로 표현하는 것이 옳다.

교회 용어 바로 쓰기

하나님께 「영광의 박수」하자는 말 옳은가

예배 인도자가 찬양이 끝난 후 하나님께 '영광의 박수' 또는 찬양대에 '박수'를 보내자는 말은 옳은 것인가? 경건을 중심한 예배에서 박수로 예배의 외적 정황을 고조시키는 행위는 옳지 않다. 성경 시편 98:8에 "여호와 앞에서 큰물이 '박수'하며 산악이 함께 즐거이 노래할 찌어다"라는 말씀은 '큰 물'과 '산악'을 의인화(擬人化)시켜 인류타락과 함께 저주아래 있던 자연도 인류구속과 함께 회복됨을 뜻하여(롬8:19-21) 노래하며 박수로 몸짓을 하는 듯이 찬양하는 주체로 묘사한 시적 기법의 문학적 표현이며, 왕하 11:12에 "여호야다가 왕자를 인도하여 내어 면류관을 씌우며 율법 책을 주고 기름을 부어 왕을 삼으매 무리가 '박수'하며 왕의 만세를 부르니라"라는 말씀은 백성들이 왕위등극을 찬하하며 환호하는 문화적 표현양식으로 이해할 수 있다.

이렇게 볼 때 예배 중에 하나님께 "영광의 박수"를 하자는 말과 행위는 예배의 본질적 요건이나 예전(例典)적 구성 요소가 될 성경적 근거는 없다. 원래 '박수'란 환영, 축하, 격려, 찬성 등의 뜻을 상징하여 손뼉을 치는 감각적인 행위로서 이는 종교적이거나 영적 행위가 아니며 하나님의 임재에 대한 행동적 반응으로 예배를 형상화하고 하나님을 시각적인 존재인양 물리적인 행위의 대상이나 환호적 대상으로 여기는 것은 정당하지 않다.

찬양대의 찬양자체가 이미 구원역사에 대한 응답인데 이어서 또 박수하자는 것은 이중적 행위이며 급격한 감성표출의 몸짓은 하나님의 영광과 직접 관련된 예배행위라 볼 수 없다. 성경에는 영광이 들어난 일이 무수히 있으나 하나님께 '영광의 박수'를 한 근거와 사례는 없다. 개혁교회는 영적 문제를 형상화하거나 시각화하는 것은 우상숭배로 단정한다. 그리고 영성적 언어 중심의 예배를 추구함으로서 이미지를 배제하고 다른 기술적 수단으로 종교적 감성을 북돋우며 표면적 감흥의 상황과 분위기를 조성하여 인간의 유쾌 심리를 유발할 의도로 박수하자는 것은 수용하지 않는다. 창조적인 행동으로 종교성을 자극할 수 있다는 발상, 묵상과 언어이미지(Verbal Icon)보다 감각적 행동이미지가 더 실감 있다는 관점, 영적 작용이나 내적 충만보다 감성적 자극을 통해 경험지수를 높이려는 착상, 영적인 감화에 따른 반응이 아닌 인위적인 감흥을 주입코자하는 것 등은 부적절하다. 인간의 내면과 영성적 본질을 헤아리시는 하나님께 인격적으로 숭모(崇慕)하고 아멘으로 화답할 일이지 사람의 흥겨움을 부추겨서는 안 된다. 보이지도 볼 수도 없는 신에 대한 시각적이고 감각적인 표현 욕구에 의해 신의 이미지를 만들 수 없음 같이 인간 역시 하나님께 형상적이고 시각적으로 보이려는 예배행위는 신령한 예배가 될 수 없다.

예배는 하나님께 영적으로 몰입해야 하고 내적 감화와 증거에 따라 심령적으로 반응하고 고요한 영적 긴장과 경건한 질서와 주님께 경도(傾倒)됨이 있어야 하며 내면의 충만함과 신앙의 정절이 고백적으로 표현되어야 한다. 따라서 예배 중 사람을 높여 박수하는 일 옳지 않으며(눅6:26, 16:15) '하나님께 박수' 라는 신체적 작동으로 유희적이고 오락적인 태도를 취함도 옳지 않다. 예배에서 박수는 하나님께도 사람에게도 바람직하지 않다.

교회 용어 바로 쓰기

기도 마감하는 말 과거시제어로 쓸 수 없다

　　교인들이나 목회자들 중에서 기도 말 마감할 때 예수님의 이름으로 '기도하였습니다'(기도드렸습니다)라는 완료형 안에 '과거시제선어말어미'(先語末語尾)〈였〉(렸)을 삽입하여 과거시제형으로 종결하는 사례를 흔히 볼 수 있는데 이는 적절한 마감형식이라고 볼 수 없다.

　　기도(창20:7)란 "하나님께 예수님의 이름으로(요14:14) 감사와 회개와 소망을 아뢰는 것으로 성도와 하나님과의 교제 및 대화와 영적 호흡"이라고 정의할 수 있다면 이는 현재시제에서 이루어지는 일이다. 기도란 죄에서 해방된 자유로운 인간과 능력의 하나님 사이의 언약관계가 믿음위에 기초할 때 이루어질 수 있는 현재성에서 미래연속성으로 이해될 수 있는 영적 행위이라고 보아야 한다. 하나님이 자기 백성들의 필요에 반응하시는 사랑의 방법이 기도에 응답이며 이것이 하나님이 인간을 향하신 초점이기도 하므로 언제나 기도의 행위는 현재적 시제의 의미를 더해주고 인간의 과거와 미래의 정황을 현재에서 연결하며 교감하는 영성적 작용이 또한 현재시제에서 되어지는 것이다. 따라서 기도 말 종결어로 '하였습니다', '드렸습니다' 등의 과거시제로 이미 완료된 듯이 표현하지 말아야 할 몇 가지 이유가 있는데

  첫째, 기도는 언제나 영원하신 하나님의 현존 앞에서 현재적 응답을 기대하는 것이므로 그 기원과 응답이 과거적이거나 이미 완료적일 수는 없다.

  둘째, 기도의 핵심은 소원이기 때문에 소원은 언제나 미래지향적이어야 하며 기대가 응답될 때까지이므로 과거적 시제가 맞지 않아 현재진행형으로 해야 함은 물론 오히려 미래적 기원의 뜻을 담고 있는 것이다.

  셋째, 기도의 완성된 문맥은 종결서술어로만 끝나는 것이 아니라 기도의 필수 요소이며 완성조건인 '아멘'이 연속되지 않으면 기도로서 효력을 잃게 되는데 기도의 완결은 '아멘' 이후의 시점이다. 그렇다면 '기도하였습니다'(기도드렸습니다)의 끝맺음 말은 '아멘' 직전 말이니 아멘을 남겨둔 채 과거시제로 완료할 수는 없는 것이다.

넷째, 기도의 올바른 방법에서 볼 때 '믿음으로' (마21:22), '하나님의 뜻대로' (요일5:14), '죄 없는 마음으로(시66:18), '은밀하게' (마6:5-6), '겸손하게' (눅18:10-14), '간절히' (마7:7-11), '계속하여' (살전5:17, 엡6:18), '주의 이름으로' (약5:14) 등인데 이는 성경적인 행위로서 그 시점은 모두 현재성을 지닌 조건으로 볼 수 있다.

다섯째, 기도의 자세에서 볼 때 '서서' (출33:10), '머리를 숙여' (창24:26), '앉아서' (대상17:16), '엎드려' (마26:39), '무릎을 꿇고'(행9:40), '손을 들고' (딤전2:8) 등으로서 이 역시 행위의 시점은 현재적인 것이다.

이러므로 기도는 인간 편에서 과거적인 내용이든 미래적인 내용이든 모두 동작이 일어난 시간이 기원하는 시간과 일치하는 시제를 유지하는 것이고 하나님 편에서도 인간의 현재성과 일치된 시점에서 기도를 들으시고 응답도 현재와 미래적인 시점에서 하시므로 기원적인 표현을 과거적으로 표현하는 것은 부적절한 것이다. 따라서 기도 말 마감은 현재형인 '기도합니다' (하옵나이다)로 간구의 시점을 지금으로 설정하여 종결하는 것이 옳은 것이다. 신앙과 영적가치는 현재에서 미래로 나타나야 한다(참고, 고후6:2).

축도의 명칭과 종결서술어 바로 쓰기

　공예배의 구성요소 중 '축도'에 대한 명칭과 끝맺음 말인 종결서술어에 대한 바른 이해가 필요하다. 한국의 각 교회에서 예배 때 시행하는 '축도' 라는 말의 지칭과 '종결어' 서술형이 통일되지 않고 목회자들마다 다르게 진술하고 있는 것은 애석한 일이다. 우선 명칭을 보면 '축도', '복의선언', '축복선언', '강복선언', '축복기도' 등으로, 종결서술어에서는 '있을지어다', '축원하옵나이다', '계실지어다', '축원하노라' 등으로 다양하게 표현하고 있다. 축도의 성경적 근거로는 구약 민6:24-26에 제사장적 축도로서 '원하노라' 로 표현하여 행위자가 자기의 동작에 격식을 차려 기원적인 뜻으로 '그렇게 되어 지기를 선언적으로 공포한 것' 이었고 신약에서는 고후13:13의 사도적인 축도로서 바울이 교회를 향해 했던 것으로 '있을지어다' 로 쓰여 '마땅히 그리 하여라' 의 뜻으로 행위자의 기원적인 성격을 담은 둘 다 문어투(文語套)의 종결어미로 진술되어 공통점은 듣는 이의 이익과 말하는 이의 기원을 담은 정중하고 경건한 표현양식이라 볼 수 있다. 이 축도를 바르게 이해해야 할 점은 첫째, 축도는 삼위하나님의 은혜와 사랑과 교통하심이 마땅히 그렇게 되기를 기원하는 선포요 복의 임재를 하나님과 계약관계에서 확인하는 복의 선언으로서 축복기도가 아니므로 명칭은 '복의 선언' 으로 지칭되어야 한다. 둘째, 복의 선언은 기도체가 아닌 선언체이므로 종결어를 '축원하옵나이다' , '계실지어다' 로 쓰는 것은 맞지 않다. '축원하옵나이다' 는 기도체일 뿐만 아니라 그 주격이 예수 그리스도의 은혜와 하나님의 사랑과 성령님의 교통하심이기 때문에 사람을 주어로 하는 종결어로는 합당치 않고 또 '계실지어다' 는 삼위 하나님의 인격체의 임재선언이 아니고 삼위 하나님으로부터 발생하는 비 인격체인 복의 요소를 '계시다' 로 표현하는 것은 격에 맞지 않는 의인화요 또한 삼위하나님을 지칭하는 것이라면 명령형으로 할 수 없는 것이다. '원하노라' 는 1인칭 단수 선언체로서 구약적 복의 선언체에서는 맞으나 신약적인 내용에는 부자연스럽고 복의 대상에 대한 하대어(下待語)의 인상이 짙은 진술이다. 그러므로 복의 선언의 표준형은 고후13:13의 사도적인 복의 선언의 종결어인 '있을지어다' (be with you all)로 통일함이 옳을 것이며 이는 '마땅히 그리 하여야 한다는 자기 다짐의 기원적 명령형 선언' 이기에 '-ㄹ지어다' 로 해야 한다. 셋째, 복의 선언은 목사의 은사를 입고 제사장적 직무와 권위를 위임받은 자격을 가진 목사가 그 직무로 복됨을 선언하는 것이어야 하며 넷째, 복의 선언의 어순(語順)은 사도적인 기원체에서(고후13:13) 구원론적인 차례를 논리적으로 표현하고 있다. 인류 구원의 길은 예수 그리스도이시니(요14:6) 그의 중보적 은혜로 말미암지 않고는 하나님의 사랑에 이르지 못하며(엡3:12), 그리스도를 통하여 성취된 구원을 받게 하는 실제적인 방법은 성령님의 교통이다. 그러므로 복의 선언의 표현 형식인 '예수 그리스도의 은혜'와 '하나님의 사랑'과 '성령님의 교통하심'은 구원론의 논리적 차례이므로 이 형식을 변형하여 선언해서는 안 된다. 이러므로 '복의 선언'은 삼위 하나님의 단순한 지칭과 복을 선언적으로 하되 성경을 표준으로 정중하게 시행하여야 한다.

| 판 권 |
| 소 유 |

―기독교 언어문화 창달과 교회갱신을 위하여―

제2권 속편
교회용어 바로 쓰기

2005년 6월 15일 1판 1쇄 발행
2011년 3월 20일 1판 2쇄 발행

지은이 ● 김 석 한
발행인 ● 김 수 관
발행처 ● 도서출판 영 문

등록 / 제 03-01016호 (1997. 7. 24)
주소 / 서울시 은평구 역촌동 10-82
E-mail / kskym49@yahoo.co.kr
전화 / (02) 357-8585
FAX / (02) 382-4411

ISBN 89-8487-176-1

값 8,000 원

* 본서의 임의인용·복제를 금합니다.
* 파본·낙장은 교환해 드립니다.